rowohlts monographien
begründet von Kurt Kusenberg
herausgegeben
von Klaus Schröter

Max Horkheimer

mit Selbstzeugnissen
und Bilddokumenten
dargestellt von
Helmut Gumnior und Rudolf Ringguth

Rowohlt

Für Georg Wolff zum 60. Geburtstag

Dieser Band wurde eigens für «rowohlts monographien» geschrieben
Die Zeittafel, die Zeugnisse und die Bibliographie besorgten die Autoren
Herausgeber: Kurt Kusenberg · Redaktion: Beate Möhring
Schlußredaktion: K. A. Eberle
Umschlagentwurf: Werner Rebhuhn
Vorderseite: Max Horkheimer. Aufnahme aus den sechziger Jahren
Rückseite: Als Rektor mit Theodor Heuss (Foto Sigrid Neubert, Frankfurt a. M.)

Veröffentlicht im Rowohlt Taschenbuch Verlag GmbH,
Reinbek bei Hamburg, Oktober 1973
Copyright © 1973 by Rowohlt Taschenbuch Verlag GmbH,
Reinbek bei Hamburg
Alle Rechte an dieser Ausgabe vorbehalten
Satz Aldus (Linofilm-Super-Quick)
Gesamtherstellung Clausen & Bosse, Leck
Printed in Germany
980-ISBN 3 499 50208 9

23.–25. Tausend Dezember 1988

Inhalt

PROLOG

Am 11. Juli 1916 schrieb Max Horkheimer – 21 Jahre alt und Juniorchef der Kunstbaumwollfabrik Moriz Horkheimer, Zuffenhausen – eine vom Armenamt der Stadt geforderte Bescheinigung: *Katharina Krämer aus Eltenberg, O. A. Leonberg, war vom 7. bis 10. Juli in meinem Betrieb beschäftigt. Da dieselbe an Anfällen leidet, ist es ihr unmöglich, die Arbeit fortzusetzen.*

In einem vom gleichen Tag datierten Brief an seinen Vetter Hans, der gerade eine Kur machte, schrieb Horkheimer über die Arbeiterin Katharina Krämer: *In einer neunköpfigen Familie zum Leben erwacht als unwillkommener, zehnter hungriger, still wimmernder oder wild schreiender Magen; durch eine stinkende Zweizimmerwohnung und blödsinnige Spiele auf den drei Steinstufen unter der Haustür in die erste Schulklasse gescholten; vor den 82 Mitschülern täglich als Dummkopf, Faulenzerin an den Schandpfahl gestellt; durch schmähliche Schwangerschaft an einen betrunkenen Mistführer verkauft, der durch lustige Trompetenstöße vor die Russen hingezwungen und nach Sibirien geschickt wird; nach brutaler Abfertigung beim Armenamt durch die Ironie einer Tagesunterstützung von einer Mark für drei Menschen; an allen Bürotüren abgewiesen; endlich nach 14tägiger Kartoffelnahrung Arbeit gefunden in scheußlicher, vom Staub alter, stinkender Unterhosen, dicker unerträglicher «Luft»; glückselig, den Kindern, die unter Bauchkrümmen die Hände nach der Mutter recken, nächsten Zahltag genügend Milch kaufen zu dürfen; von Epilepsie höhnisch niedergeworfen, und ewig zu den Kartoffeln verdammt.*[1]*

Dem Stakkato einer fast alltäglichen Lebensbeschreibung in einer von Profit und Armut, Hunger und Überfluß, unverschuldetem Elend und zufälligem Glück beherrschten Welt folgte die Anklage gegen sich und seinesgleichen: *Wer klagt über Leiden? – Du und ich? – Wir sind Menschenfresser, die sich darüber beklagen, daß das Fleisch der Geschlachteten Bauchweh macht. Nein – nein – noch viel schlimmer: Du genießest die Ruhe und den Besitz, für den die draußen ersticken, verbluten, sich in Krämpfen winden und drinnen schlechte Schicksale erdulden, wie das Katharina Krämers. Du schläfst in Betten, trägst Kleider, deren Herstellung wir mit der Tyrannenpeitsche unseres Geldes von Hungernden erzwingen, und Du weißt nicht, wieviel Weiber bei der Herstellung des Stoffes für Deinen «Cut» neben die Maschine gefallen sind. Andere verbrennen lebendig, bei Bewußtsein an giftigen Gasen, damit Deinem Vater das Geld erhalten bleibe, mit dem Du Deine Therapie bezahlst – und Du findest es entsetzlich, daß Du nicht*

---

*   Die hochgestellten Ziffern verweisen auf die Anmerkungen S. 133 f.

Betriebsleiter in Zuffenhausen, 1915

mehr als zwei Seiten Dostojewski lesen kannst. Wir sind Ungeheuer, doch wir sind zu wenig gequält. Es ist geradezu komisch, wie wenn ein Metzger im Schlachthaus sich darüber grämt, daß seine weiße Schürze blutig wird.[2]

In der Vielfalt der Zeugnisse, die Leben und Werk Max Horkheimers transparent werden lassen, hat dieser Brief eine besondere Stellung. Er markiert den Anfang eines Denkens, das bestimmt war vom Protest gegen Leid, Unrecht, Ausbeutung, Gewalt, und von *der Sehnsucht danach, daß der Mörder nicht über das unschuldige Opfer triumphieren möge*[3]. Protest und Sehnsucht führten ihn in den zwanziger Jahren zum Marxismus wie später zur Abkehr von ihm angesichts des stalinistischen Terrors. Protest und Sehnsucht — ein, wie es scheint, ungleiches Geschwisterpaar, deren Spuren wir in der Studentenrebellion der sechziger Jahre wiederfinden — bewahrten Horkheimer vor der Dogmatisierung des eigenen Denkens und vor der Anerkennung fremder Dogmen. Das verschaffte ihm Distanz zu philosophischen Systemen und politischen Ideologien, gab ihm die Freiheit des kritischen Urteils, das niemals total war.

Die Kraft zum Protest und die Quelle seiner Sehnsucht war das Judentum. Die Juden, so erklärte er in den fünfziger Jahren, fühlen sich als auserwähltes Volk, weil sie als Einzelne und als Volk dem einzigen Gott und der Gerechtigkeit verpflichtet sind. Durch den Willen zur Gerechtigkeit ist der Jude ein Feind alles Totalitären von Rechts und Links, des Totalitären auch, wie es die Religionen verherrlichen.

Zu dem Brief des jungen Horkheimer gibt es eine keineswegs zufällige Parallele. Im handschriftlichen Nachlaß des getauften Christen Arthur Schopenhauer findet sich folgende Notiz: «In meinem 17ten Jahre, ohne alle gelehrte Schulbildung, wurde ich vom Jammer des Lebens so ergriffen wie Buddha in seiner Jugend, als er Krankheit, Alter, Schmerz und Tod erblickte. Die Wahrheit, welche laut und deutlich aus der Welt sprach, überwand bald auch die mir eingeprägten jüdischen Dogmen, und mein Resultat war, daß diese Welt kein Werk eines allgütigen Wesens sein könnte, wohl aber das eines Teufels, der Geschöpfe ins Dasein gerufen, um am Anblick ihrer Qual sich zu weiden; darauf deuteten die Data, und der Glaube, daß es so sei, gewann die Oberhand.»[4]

Zu Schopenhauer hatte Horkheimer ein besonderes Verhältnis, von dem noch ausführlich die Rede sein wird. Hier sei nur auf die biographischen Parallelen hingewiesen. Schopenhauer wie Horkheimer entstammten wohlhabenden Kaufmannsfamilien, sogar derselben Branche. Wie Schopenhauer sollte Horkheimer der Nachfolger des Vaters im Geschäft werden, und wie Schopenhauer wurde Horkheimer schließlich Philosoph.

9

Haus Moriz Horkheimer, Stuttgart

DAS ELTERNHAUS

Max Horkheimer wurde am 14. Februar 1895 in Zuffenhausen – heute ein Vorort Stuttgarts – geboren. Für die damals noch selbständige Gemeinde war das nahe Stuttgart, Residenzstadt des Königreichs Württemberg, Anziehungspunkt und Vorbild, besonders für die Zuffenhausener Juden. Dort war die 1866 eingeweihte Synagoge im maurischen Stil erbaut. Dort waren höfisches Leben und selbstbewußter Bürgergeist. Königreich seit 1806 von Napoleons I. Gnaden, war Württemberg das Musterland bürgerlicher Repräsentation. «Ja, dir geliebtem Stuttgart, unserem Jerusalem, wünschen wir Heil», hatte der Rabbiner Dr. Maier ausgerufen, als er das jüdische Gotteshaus einweihte, und als Dr. Maier wenig später als erster Rabbiner in den Adelsstand erhoben wurde, galt diese Auszeichnung allen Juden des Königreichs.

Horkheimers Vater, der spätere königlich-bayrische Kommerzienrat Moses (Moriz) Horkheimer, war ein konservativer, kein orthodoxer Jude. Für ihn war das Judentum eine Religion, nicht Kennzeichen einer Rasse oder eines Volkes. Daß man im Horkheimerschen Haushalt die Speisegesetze beachtete, am Sabbat in die Synagoge ging, war ebenso selbstverständlich wie die Achtung vor dem Bekenntnis der Protestanten oder der rund 300 Zuffenhausener Katholiken, die am Sonntag ihren Gottesdienst feierten. Glaube, das war für Moriz Horkheimer eine Privatsache. Man war Württemberger und Deutscher jüdischer Religion. So groß war sein Selbstbewußtsein als Deutscher, daß er sich bis zum Herbst 1939 weigerte, Deutschland zu verlassen. Seine Familie lebe länger hier als die des Herrn Hitler, ließ er den nach Amerika emigrierten Sohn wissen.

Der Kampf um den geschäftlichen Erfolg hatte Moriz Horkheimer hart gemacht. Die Welt, von oben gesehen, war in Ordnung; also mußte man immer oben sein. Dabei blieb manches auf der Strecke. Vielleicht auch das, was für den Sohn schon damals – zunächst wohl noch unreflektiert – das Eigentliche des Jude-Seins war, der Wille zur Gerechtigkeit, die Feindschaft gegen alles Totalitäre. Wo war, so mag er sich gefragt haben, dieser Wille, wenn eigener Wohlstand vielleicht auf dem Elend anderer beruhte?

Als Untersekundaner verließ Horkheimer das Gymnasium und trat als Lehrling in die väterliche Fabrik ein. Er tat es ohne Bedauern, denn das Gymnasium war für ihn nicht viel mehr als eine Gelegenheit, für gute Leistungen Medaillen zu gewinnen, über die sich besonders die Mutter freute. Ihre Liebe war das Gegengewicht zur Strenge des Vaters, zum rechnenden Verstand. Ihre Liebe war und blieb für ihn Zeichen dafür, daß es eine andere Welt gab. So wurden für ihn die Eltern

11

Die Eltern, um 1936

zu Symbolen verschiedener Welten: einer Welt, gegen die sich sein Protest richtete, und einer Welt, nach der er sich sehnte. Horkheimer hat niemals den Einfluß verleugnen können – und auch nicht verleugnen wollen, den das Elternhaus auf seine geistige Entwicklung hatte. Er wird besonders dort deutlich, wo Horkheimer die Gegenwart kritisiert: *Während in der bürgerlichen Blüteperiode zwischen Familie und Gesellschaft die fruchtbare Wechselwirkung stattfand, daß die Autorität des Vaters durch seine Rolle in der Gesellschaft begründet und die Gesellschaft mit Hilfe der patriarchalischen Erziehung zur Autorität erneuert wurde, wird nunmehr die freilich unentbehrliche Familie ein Problem bloßer Regierungstechnik.*[5] Und zur Rolle der Mutter: *Die Mutter, die einen Beruf ausübt, ist etwas völlig anderes als die Mutter, deren Lebensaufgabe die Erziehung der Kinder war. Der Beruf verdinglicht ihre Gedanken. Dazu kommt noch etwas anderes. Sie ist gleichberechtigt. Sie strahlt, von Ausnahmen abgesehen, nicht mehr die Liebe aus wie vorher. Die Mutter bewahrte bisher ihre Natur als Ganzes und strahlte sie aus, durch ihre Sprache, ihre Gebärden. Ihre bewußten und unbewußten Reaktionen spielten eine entscheidende Rolle in der Erziehung. Sie prägten das Kind vielleicht entschiedener als die Weisungen.*[6]

Der Konflikt mit dem Elternhaus, zu dem es früher oder später kommen mußte, wurde durch die Freundschaft mit Friedrich Pollock forciert. Pollock, Sohn eines Lederfabrikanten, war nicht als Jude erzogen worden. Der Vater galt ihm als Prototyp des Antisemiten. Als Horkheimer Pollock im Herbst 1911 einlud, an einem Tanzkurs für die jungen Leute der jüdischen Gemeinde teilzunehmen, sagte er ab. Er wollte nicht dazugehören. Cliquen, aus welchem Grunde auch immer gebildet, waren ihm suspekt. Erst einer nochmaligen Bitte Horkheimers gab er schließlich nach. Doch schon zum zweiten Treffen kam er nicht wieder. Horkheimer war über Pollocks Verhalten erstaunt. Wie – so mag er sich damals gefragt haben – konnte sich jemand so entschieden den Zwängen gesellschaftlichen Lebens entziehen? Ihm war es doch bisher nie gelungen. Er bat Pollock um eine Aussprache, über deren Verlauf niemals etwas bekannt wurde. Nur soviel ist sicher: Von diesem Zeitpunkt an datiert ihre Freundschaft, die bis zu Pollocks Tod im Herbst 1970 dauerte.

Diese Freundschaft hatte konspirative Züge. Sie war, besonders für Horkheimer, eindeutig gegen den übermächtigen Vater gerichtet. Sie hatte etwas von Don Carlos und Marquis Posa, etwas auch von Old Shatterhand und Winnetou. Besiegelt wurde sie durch ein besonderes Dokument. In der Präambel ihres schriftlichen Freundschaftsvertrages heißt es: *Unsere Freundschaft erachten wir als höchstes Gut. In dem Begriff Freundschaft ist ihre Dauer bis zum Tode eingeschlossen. Unser*

Tanzstunde, Winter 1910/11

Friedrich Pollock

Handeln soll Ausdruck der Beziehung Freundschaft sein und jeder unserer Grundsätze nimmt in erster Linie diese Rücksicht.[7]

Was dann folgt, sind genaue Regeln, wie gemeinsame Beschlüsse gefaßt und Differenzen ausgehandelt werden müssen. Festgelegt wird, wie lange über *gemeinsame Beschlüsse* debattiert werden muß; sogar die Tageszeit ist angegeben. Für Horkheimer und Pollock war diese Freundschaft von Anfang an – und so steht es in dem Vertrag – *Ausdruck eines kritisch-humanen Elans, die Schaffung der Solidarität aller Menschen*[8].

Doch vorerst galt es, sich gegen eine Welt zu verteidigen, in der es keine Solidarität zu geben schien, kein Verständnis für den Schwächeren; eine Welt, die beherrscht war vom Vater, von Rücksichten, in welcher der Sohn und spätere Nachfolger seine Rolle zu übernehmen hatte, ob er es wollte oder nicht.

Pollock erschloß dem Freund eine neue Welt, die der Literatur. Gemeinsam lasen sie Ibsen und Strindberg, Zola und Tolstoj: für den sensiblen Horkheimer Anlaß zu neuen Ängsten, noch größerer Sehnsucht nach einer heilen Welt. Er wurde krank, krank durch den Konflikt zwischen dem, was war, und dem, was – wie er meinte – hätte sein können. Es war fast eine Erlösung für ihn, als der Vater beschloß, den Sohn ins Ausland zu schicken. Mit einigen Tricks gelang es auch Pollock, von seinem Vater die Erlaubnis für einen Aufenthalt im Ausland, sogar in derselben Stadt und schließlich auch in derselben Wohnung, zu erreichen. Das Volontariat in Brüssel war aber nur von kurzer Dauer. Frei vom Zwang ständiger Rechenschaft konnten sie das tun, was sie bislang nur heimlich in der kurzbemessenen Freizeit machen konnten: lesen, diskutieren und manchmal auch träumen von der *Isle heureuse*, der Insel der Glückseligkeit, wie eines der vielen Manuskripte überschrieben ist, die damals entstanden. Mit der Lektüre von Spinozas «Ethik», Kants «Kritik der reinen Vernunft» und Schopenhauers «Aphorismen zur Lebensweisheit» unternahmen sie gemeinsam die ersten Schritte in die Philosophie.

Im Juli 1914 kehrten Horkheimer und Pollock nach Stuttgart zurück. Während sich Pollock eher von der allgemeinen Kriegsbegeisterung anstecken ließ, reagierte Horkheimer von Anfang an als radikaler Kriegsgegner. Ihn empörte es, wie er in einem Brief an Pollock über den Mord von Sarajevo und seine Folgen schrieb, *daß der heillose menschliche Wahnsinn glaubt, es sei gut und recht, für zwei verlorene Menschenleben hunderttausend andere zu opfern*[9]. *Ich hatte Paris und London gesehen,* erklärte er Jahre danach, *und konnte nicht glauben, daß die Menschen dort soviel kriegslustiger waren als unser friedliebender Kaiser, soviel schlechter als ich, daß ich nun auf sie schießen sollte. Die Menschen dort hatten ähnliche Ansichten und Sorgen wie die bei uns, wenn sie vielleicht auch etwas weniger tüchtig waren. Mein Glaube an die Lehren des Vaterhauses über das Deutsche Reich geriet ins Wanken, und ich hatte das Gefühl, daß etwas Furchtbares, etwas nie wieder Gutzumachendes in Europa, ja in der Menschheit sich ereignete. Am schlimmsten schien mir – ohne daß ich es damals hätte formulieren können – daß die historische Aufgabe, gleichsam die Mission der europäischen Völker, insbesondere des deutschen, dem ich angehörte, unrettbar preisgegeben war.*[10]

Als Betriebsleiter und Prokurist der väterlichen Fabrik blieb Horkheimer vorerst vom Militärdienst verschont. Doch diese Aufgabe befriedigte ihn nicht. In sein Tagebuch notierte er am 9. Juli 1915: *Ich habe die glänzendste Stellung mit einer noch glänzenderen Zukunft im Geschäft meines Vaters, kann mir jedes Vergnügen erlauben, das mich reizt, kann mich in die geschäftliche Arbeit vertiefen, kann mich zerstreuen oder meinen Liebhabereien nachhängen – und doch verzehrt mich die Flamme der brennendsten Sehnsucht ... ich kann meine Sehnsucht nicht meistern, und ich will mich von ihr führen lassen mein Leben lang, wohin die tolle Fahrt auch gehe.*[11]

An einer anderen Stelle des Tagebuches heißt es: *Gestern war ich in unserer Filiale in Hirsau. Mitten zwischen den Wäldern an einem lustigen Bach haben sie ein paar Häuser hingestellt mit komplizierten Maschinen im Innenraum. In der Gluthitze stehen ein paar arme Menschen und schaffen mit nassen, roten Gesichtern ... Mich beteiligen soll ich am Werke dieser Leute und meines Vaters; mein Lebensbedürfnis soll ich damit stillen, Geld zu machen oder Kunstbaumwolle, oder etwas derartiges – nein, nein, nein, das ist unmöglich, das wäre der Tod meiner lebendigen sehnsüchtigen Seele, das Verschmachten meines durstigen Herzens ... Ich will tun, was mein Wille, der klar in mir steht, mich anfleht ... Nach meinem Wahrheitsdrang will ich leben und erforschen, was ich wissen möchte, dem Gequälten helfen, meinen*

Haß des Unrechts befriedigen und die Pharisäer besiegen, vor allem aber Liebe suchen, Liebe, Verständnis suchen, nach denen jede Fiber meines Wesens lechzt.[12]

Ein Urteil über diese literarischen Versuche sollte nicht vorschnell gefällt werden. Abgesehen von ihrem biographischen Gehalt sind, darüber belehrt die Literaturgeschichte, «selbst tastende Anfänge von Schriftstellern nicht selten geeignet, ihr reifes Werk zu erhellen, bisher wenig beachtete Aspekte zu verdeutlichen»[13].

Das Jahr 1916 brachte eine entscheidende Wende in das Leben Horkheimers. Am 14. Februar feierte er seinen 21. Geburtstag. Die Privatsekretärin des Vaters, die neunundzwanzigjährige Rose Christine Riekher, überreichte aus diesem Anlaß dem Juniorchef 21 tiefdunkle Rosen. Horkheimer war verwirrt. Der sensible junge Mann vermutete hinter dem Rosenstrauß mehr. Pollock wußte Rat. Horkheimer solle dem Mädchen einen Kuß geben, dann würde er erfahren, was die Rosen zu bedeuten hätten.

Rose Riekher war die Tochter einer Engländerin und eines Stuttgarter Hoteliers. Der Vater – er entstammte einem alten schwäbischen Geschlecht von Dorfwirten – hatte in Konkurs gehen müssen. Nach ihrer Ausbildung an einer Handelsschule hatte Rose Riekher deshalb eine Stellung annehmen müssen. Sie hatte das ohne Zögern getan. Sie war einfach da, als die Familie sie brauchte, so wie sie später da war, wenn Horkheimer von seinen Vorlesungen oder Reisen nach Hause kam, wenn er von ihr verlangte, daß sie ihm, oft spät in der Nacht, die wichtigsten Nachrichten aus der Zeitung vorlas. Die unkomplizierte, von keinem gesellschaftlichen Zwang bedrückte, acht Jahre ältere Frau gab Horkheimer ein völlig neues Gefühl der Geborgenheit.

Sein Verhältnis zu Maidon, wie er Rose zärtlich nannte, blieb den Eltern nicht lange verborgen. Die Tochter eines Bankrotteurs war für den erfolgreichen Textilfabrikanten die denkbar ungeeignetste Schwiegertochter, abgesehen davon, daß sie Christin war, was besonders die Mutter entsetzte. Es begann eine fast zehnjährige Auseinandersetzung zwischen Vater und Sohn. Für Horkheimer stand dabei nicht nur die Liebe zu Maidon, sondern auch seine Selbständigkeit, die Befreiung von der Autorität des Vaters auf dem Spiel. Hilfe fand er bei Friedrich Pollock, der sich zunächst um Rose kümmerte, nachdem sie ihre Stellung verloren hatte. Horkheimer litt sehr unter der Trennung von Rose und dem Zerwürfnis mit den Eltern. In seinen Tagebucheintragungen spürt man noch heute das Ringen des jungen Mannes, der zwischen Liebe und Freiheit auf der einen, Notwendigkeit und Autorität auf der anderen Seite stand: *Sich gegen die Notwendigkeit aufbäumen, ist Wahnsinn. Man muß sie ertragen lernen. Das ist der Zweck unseres Daseins. Den Anspruch an persönliches Glück muß ich aufge-*

1. August 1914: Mobilmachung

ben, ich darf nicht mehr über die Allgemeinheit hinausstreben, muß für
sie und in ihr untergehen. Bis heute wollte ich selbstsüchtig das Wohl
meiner eigenen, höchst unbedeutenden Person; als Soldat werde ich
gezwungen sein, meinen lasterhaften Wünschen und Bestrebungen
entgegenzuhandeln, und in diesem Sinne ist alles gut, was man von mir
verlangt. Alles ist gut, alles ist gut — nur ich bin schlecht: diese Worte
wurde ich beim Erwachen nicht los, sie verfolgten mich während des

Ankleidens und auf dem Wege durch die feuchten, nebligen Straßen. Ich vermochte nicht, mich von diesem erdrückenden Gefühl zu befreien.[14]

Trotz seines Widerwillens mußte Horkheimer Soldat werden, doch an die Front kam er nicht mehr. In einer Münchner Klinik erlebte er den Zusammenbruch des Reiches, der, so scheint es, ihn endgültig von der Autorität des Vaters befreite: *Als die Fabrikhöllen ihre Verdammten in Teufelsgestalt auf satte Bürger spien, als zum ersten Mal die Stadt entsetzten Auges Aufruhr sah (auf dem Marktplatz rot die Pflastersteine, von Gebrüll und Brand toll die Luft, die Vorstädte schaurig still, alle Villen bei verlöschten Lichtern und verhaltenem Atem), standen im Halbdunkel – kaum einander sichtbar, getrennt durch alle Festungswerke eigener Dämonen, durch haßschürender Erziehung Blindheit – zwei Menschen ... Jochai, der Commis, hatte nicht schießen können, war davongelaufen, kraftlos zur Gewalttat, keuchend unter ungeheurer Last tobender Gedanken. Nicht zu morden, zwang ihn, den Juden, die Empörung; sondern die Verzweiflung aller Sklaven hinauszuschreien zu den Ohren der Herren, selbstzufriedenen Gleichmut, gewissentrügende Scheinwelt zu zerstören, Lügen totzuschlagen, mit unentrinnbaren Gründen zu überreden: geistig siegen. Und er nimmt Schmerz, Empörung, Angst, Glauben, ballt sie zu gewaltiger Rede, zieht den Schleier von der ganzen menschlichen Sündenschuld und reißt ihr das Herz auf, erwürgt den Aberglauben und siegt und siegt!*[15]

In der November-Revolution des Jahres 1918 und der fünf Monate später ausgerufenen Münchner Räterepublik entdeckte Horkheimer eine neue gewaltige Kraft: den Marxismus. Dessen Kampfruf «Proletarier aller Länder vereinigt euch» wurde für Horkheimer, den Commis Jochai, zur Parole seiner eigenen Befreiung. Er spürte, daß etwas ganz Entscheidendes geschah. Er war fasziniert von dem Aufschrei der Menge, die am 7. November jubelnd von der Theresienwiese zur Residenz zog. Immer wieder fragte er sich, wie das möglich sein konnte: Menschen, die noch vor wenigen Tagen als tumbe Geschöpfe ihrer Fabrikarbeit nachgegangen waren, die auf Kasernenhöfen wie Marionetten unsinnige Bewegungen ausgeführt hatten, handelten plötzlich ohne Befehl, brüllten ihre unterdrückte Wut den Autoritäten entgegen. Und diese, die allmächtigen Militärs, die Polizei, die Fabrikherren, zogen sich ohne Widerstand zurück.

Es gab also eine Kraft in dieser schlechtesten aller Welten, die seine Sehnsucht nach einer besseren Welt rechtfertigte. Zu der Wandlung in der Welt verläuft parallel eine Wandlung des jungen Horkheimer. Klage und Selbstmitleid traten in den Hintergrund. Jetzt wollte er wissen, welche Kräfte am Werk sind. Er entdeckte die Gesellschaft.

Rose Riekher (Maidon), 1915

In München holte Horkheimer gemeinsam mit Pollock das Abitur nach. Er wollte studieren, doch dabei dachte er nicht an eine akademische Laufbahn. Noch wollte er eines Tages in die väterliche Fabrik zurückkehren. Nach einem Semester in München ging er nach Frankfurt, wo er neben Psychologie im Hauptfach Philosophie und Nationalökonomie hörte. Die Frankfurter Psychologen Adhémar Gelb und Schuhmann waren Vertreter der sogenannten Gestaltpsychologie. Sie war die Reaktion auf die im 19. Jahrhundert am methodischen Ideal der messenden Naturwissenschaften orientierten Psychologie, die das seelische Leben lediglich als Summe einzelner Elemente betrachtet hatte. Angeregt vom Diltheyschen Strukturbegriff, vertrat hingegen die Gestaltpsychologie die ganzheitliche Betrachtung des seelischen Lebens.

Horkheimers Mentor in Frankfurt wurde der Philosophie-Ordinarius Hans Cornelius. Er entstammte der bekannten Münchner Maler- und Komponisten-Familie, war ursprünglich Chemiker gewesen und erst später als Schüler von Mach und Avenarius zur kantischen Philosophie gekommen. Mehr ein homme de lettres als ein Universitätsprofessor, ein begabter Maler und Musiker – er gab Horkheimer Privatunterricht im Kompositionslehre – und ein kundiger Liebhaber der italienischen Kultur, entsprach Cornelius ganz und gar nicht dem üblichen Bild eines deutschen Universitätsphilosophen.

Für ein Semester zog Horkheimer nach Freiburg, um Edmund Husserl zu hören. Cornelius hatte ihm dazu geraten und ein Empfehlungsschreiben mitgegeben, das dem Neuling ein Entree bei Husserl verschaffte.

Moriz Horkheimer hatte zwar dem Studium zugestimmt – man darf annehmen, daß er dafür die endgültige Trennung von Rose Riekher forderte –, aber nun, da der Sohn nach Freiburg ging, nur um Philosophie zu hören, war er doch besorgt. Das Studium der Nationalökonomie war ihm noch als nützlich erschienen, besonders im Hinblick auf die spätere Rolle des Sohnes als sein Nachfolger, aber die Philosophie war für ihn ein nutzloses Geschäft. Mehr noch beunruhigte ihn freilich die Tatsache, daß sich der Sohn einer sozialistischen Studentengruppe angeschlossen hatte. Moriz Horkheimer fuhr nach Freiburg, um mit Husserl über die Zukunft des Sohnes zu sprechen. Die Unterredung zwischen dem Kommerzienrat und dem Geheimrat dauerte ungewöhnlich lange. Doch die Frage des Sohnes, worüber sie denn so lange gesprochen hätten, wurde sehr kurz beantwortet: «Du hast Talent zur Philosophie, und außerdem haben wir über Politik gesprochen.»

Das Freiburger Semester hatte Horkheimer die Schwächen der

Soldat Horkheimer, 1916/17

Frankfurter neukantianischen Universitätsphilosophie gezeigt. Nach seiner Rückkehr schrieb er im November 1921 an Maidon: *Gestern habe ich einem jungen Philosophen eine Rede über die Aufgaben der Philosophie gehalten. Er war sehr begeistert. Leider erfuhr ich erst heute, daß Cornelius im Nebenzimmer war und meine Ausführungen, die völlig ihm entgegengerichtet waren, hatte hören müssen. Das ist nur ein Beispiel. Je mehr Philosophie mich gefangennimmt, umso weiter entferne ich mich von dem, was man auf der hiesigen Universität darunter versteht. Nicht formale Erkenntnisgesetze, die im Grunde*

München 1919

genommen höchst unwichtig sind, sondern materielle Aussagen über unser Leben und seinen Sinn haben wir zu suchen.[16]

Mit ein Grund für Horkheimers Kritik an den Frankfurter Philosophen war zweifellos der starke Eindruck, den Martin Heidegger auf ihn gemacht hatte. In dem bereits erwähnten Brief an Maidon heißt es: *Ich weiß heute, daß Heidegger eine der bedeutendsten Persönlichkeiten war, die zu mir gesprochen haben. Ob ich ihm recht gebe? – Wie sollte ich, da ich doch nur das eine sicher von ihm weiß, daß für ihn das Motiv zum Philosophieren nicht aus intellektuellem Ehrgeiz und einer vorgefaßten Theorie, sondern jeden Tag neu aus dem eigenen Erlebnis entspringt.[17]* Trotz des Freiburger Besuchs wurde das Verhältnis zwischen Horkheimer und seinem Vater immer gespannter. Der Grund waren die noch immer andauernden Beziehungen zu Maidon. Niemals, das wurde immer deutlicher, würden die Eltern ihre Einwilligung zu einer Heirat geben. Jetzt erst entschloß sich Horkheimer, zu promovie-

24

hof im Besitz der roten Garde

ren, jetzt erst gab er die Rückkehr in das väterliche Geschäft auf. Im Wintersemester 1921/22 schrieb er drei Seminararbeiten und arbeitete zugleich an seiner Dissertation. Zu seinem Doktorvater wählte er den Psychologen Schuhmann, als Thema eine Spezialuntersuchung aus der Gestaltpsychologie: «Gestaltveränderungen in der farbenblinden Zone des blinden Flecks im Auge». Wir finden in den späteren Arbeiten Horkheimers noch zahlreiche Spuren seiner Beschäftigung mit der Gestaltpsychologie, besonders in jenen Aufsätzen, in denen er das atomistische Denken des Positivismus kritisiert.

Im Sommersemester 1922 mußte Horkheimer plötzlich erfahren, daß die ganze Arbeit an der Dissertation umsonst gewesen war. Schuhmann überraschte ihn mit der Nachricht, daß in Kopenhagen eine fast gleiche Untersuchung mit denselben Ergebnissen veröffentlicht wurde. Noch bevor er überhaupt auf den Gedanken kommen konnte, das Studium ganz aufzugeben, machte ihm jedoch Cornelius den Vor-

Hans Cornelius

schlag, eine soeben fertiggestellte Seminararbeit über die Antinomie der teleologischen Urteilskraft etwas zu erweitern und als Dissertation einzureichen. Im Januar 1923 promovierte Horkheimer als erster Hauptfachphilosoph der Frankfurter Universität mit summa cum laude zum Doktor der Philosophie. Cornelius selbst überbrachte ihm die freudige Nachricht und machte ihm den Vorschlag, sein Assistent zu werden.

Ein Jahr vor seiner Promotion hatte Horkheimer in einem Seminar bei Cornelius Theodor W. Adorno kennengelernt. Adorno – 1903 in

Frankfurt geboren – war der Sohn eines erfolgreichen jüdischen Weinhändlers. Seine Mutter, Tochter eines korsischen Offiziers, war vor ihrer Heirat eine begabte Sängerin, der man eine große Karriere vorausgesagt hatte. Mit dem Ziel einer akademischen Laufbahn studierte Adorno Philosophie, Musik, Soziologie und Psychologie. 1924 promovierte er ebenfalls bei Cornelius mit einer Arbeit über «Die Transzendenz des Dinglichen und Noematischen in Husserls Phänomenologie». Anschließend ging er nach Wien, wo er bei Alban Berg und Arnold Schönberg Kompositionslehre studierte. 1928 kehrte er nach Frankfurt zurück, um sich zu habilitieren.

Im gleichen Jahr, in dem Adorno Frankfurt verließ, habilitierte sich Horkheimer mit einer Arbeit über *Kants Kritik der Urteilskraft als Bindeglied zwischen theoretischer und praktischer Philosophie*. Es war eine rein akademische Arbeit, die sicherlich auch in Rücksicht auf die starke Position des Neukantianismus an den deutschen Universitäten geschrieben worden war. Auch die erste Vorlesung, die Horkheimer als Privatdozent im Wintersemester 1925/26 hielt, beschäftigte sich mit der Philosophie Kants. Der Einfluß seines Lehrers Cornelius war unverkennbar.

Die Ernennung Horkheimers zum Privatdozenten durch den Preußischen Unterrichtsminister veranlaßte ihn, sein Verhältnis zu Rose Riekher, das er trotz des elterlichen Vetos fortgesetzt hatte, zu legalisieren. Ein Professor, der in wilder Ehe lebt, war selbst für ihn eine unmögliche Vorstellung.

Von den Schriften Horkheimers aus den zwanziger Jahren sind zwei von besonderer Bedeutung: die 1930 veröffentlichte Studie über *Anfänge der bürgerlichen Geschichtsphilosophie* und eine erst 1934 in Zürich erschienene Aphorismen-Sammlung mit dem Titel *Dämmerung*, die Horkheimer unter dem Pseudonym Heinrich Regius veröffentlichte. Über beide Werke wird später noch gesprochen werden.

DAS INSTITUT (1923–1931)

Anfang der zwanziger Jahre hatte sich in Frankfurt ein Kreis junger Intellektueller zusammengefunden, mit der Absicht, den wissenschaftlichen Sozialismus mit politischem Aktionismus zu vereinen. Initiator und Motor dieses Kreises war Felix Weil, Sohn eines vermögenden deutsch-argentinischen Getreidehändlers. Weil, der 1921 mit einer Arbeit über das Problem der Sozialisierung an der Frankfurter Universität promoviert hatte, versuchte nun, mit seinen Freunden herauszufinden, was die wahre Marxsche Lehre sei: das, was die Bolschewiki in Rußland, die Sozialdemokraten oder die Kommunisten in Ungarn und Deutschland praktizierten.

Im Sommer 1922 veranstaltete Weil die «Erste Marxistische Arbeitswoche»: «Wir hoffen, wenn die Vertreter der verschiedenen

28

Marxismen miteinander diskutieren würden, dann könnte so etwas wie der wahre oder reine Marxismus erkennbar werden.»[18] Zu den Teilnehmern dieser Tagung gehörten unter anderen: Georg Lukács (später ein erbitterter Gegner Horkheimers und Adornos), Karl Korsch, Richard Sorge (1944 in Japan als russischer Spion hingerichtet), Konstantin Zetkin, der jüngste Sohn Clara Zetkins, Karl August Wittfogel und Friedrich Pollock. Viele von ihnen gehörten später zu den Mitarbeitern des Frankfurter Instituts für Sozialforschung.

Das Ergebnis dieses Treffens war jedoch besonders für Weil enttäuschend: «Es waren nur Intellektuelle da, und die kamen zu keinem praktikablen Ergebnis.»[19] Eine zweite Tagung, die Weil schon geplant hatte, fand nicht mehr statt. Inzwischen war er auf eine frühere Idee zurückgekommen, ein Institut zu gründen, das vor allem *die Geschichte und Theorie der Arbeiterbewegung, die Wechselwirkung zwischen den wirtschaftlichen und kulturellen Lebensbereichen der Gesellschaft sowie die Entwicklungstendenzen der modernen Gesellschaft selbst untersuchen sollte*[20]. Nebenbei vermerkt: Bertolt Brechts bissige Tagebuchnotiz vom Mai 1942 über das Frankfurter Institut kann nur aus seiner Ablehnung des angeblichen Kathedersozialismus Horkheimers verstanden werden: «Mit Eisler bei Horkheimer zum Lunch. Danach schlägt Eisler für den Tuiroman als Handlung vor: die Geschichte des Frankfurter soziologischen Instituts. Ein reicher alter Mann (der Weizenspekulant Weil) stirbt, beunruhigt über das Elend auf der Welt. Er stiftet in seinem Testament eine große Summe für die Errichtung eines Instituts, das die Quelle des Elends erforschen soll. Das ist natürlich er selber.»[21]

Entschiedener Verfechter der Institutsidee war neben Horkheimer und Pollock der Aachener Professor Kurt Albert Gerlach. Er verfaßte 1922 ein Memorandum, das eindringlich die Notwendigkeit eines finanziell unabhängigen, gleichwohl mit der Universität verbundenen Instituts beschrieb: «Wie der Theoretiker auf dem Gebiet der Erfahrungswissenschaften weniger denn je bestehen kann ohne fortwährende Fühlungnahme mit dem pulsenden Leben der Wirklichkeit, ebenso unmöglich ist es für den reinen Praktiker geworden, ohne Pflege des Gedankens und Benützung wissenschaftlicher Ergebnisse und Methoden Überblick zu erhalten über das verwickelte Netz der gesamten Wirtschafts- und Sozialzusammenhänge. Da jedoch das soziale Leben in seinem ganzen Umfang jenes ungeheure Geflecht von Wechselwirkungen zwischen der wirtschaftlichen Grundlage, den politisch-juristischen Faktoren bis zu den letzten Verästelungen des geistigen Lebens in Gemeinschaft und Gesellschaft ist, erfordert seine Erforschung auch die kooperative geistige Zusammenarbeit aller Wissenschaften.»[22]

Martin Heidegger

Gerlachs Initiative führte zunächst im Jahre 1922 zur Gründung der «Gesellschaft für Sozialforschung e. V.», einer privaten Stiftung, die in der Hauptsache von Weils Vater finanziert wurde – er bekam dafür den Ehrendoktortitel der Frankfurter Universität. In der Satzung für das neue Institut legte die Gesellschaft fest, daß der jeweilige Institutsleiter gleichzeitig Ordinarius an der Frankfurter Universität sein müsse; damit war die Bindung zur Universität wie auch die finanzielle Unabhängigkeit des Direktors von der Gesellschaft und dem Beirat gewährleistet.

Noch bevor im März 1923 die Bauarbeiten für das Institut an der Viktoria-Allee – in unmittelbarer Nähe der Universität – begannen, starb Gerlach im Alter von 36 Jahren.

Zum neuen Direktor wurde Carl Grünberg, ordentlicher Professor für Rechts- und Staatswissenschaften an der Universität Wien, ernannt. Grünberg hatte sich durch das von ihm herausgegebene «Archiv für die Geschichte des Sozialismus und der Arbeiterbewegung» als ein exzellenter Kenner der sozialen Bewegung profiliert. Aus dem Archiv ist 1932 – unter Horkheimers Leitung – Europas bedeutendstes sozialphilosophisches Periodikum, die «Zeitschrift für Sozialforschung», hervorgegangen.

Nach eineinvierteljähriger Bauzeit war das in bewußter Sachlichkeit konzipierte Gebäude fertig. Am 22. Juli 1924 wurde es mit einer Festrede von Grünberg eingeweiht. Grünberg ließ bei seinem Amtsantritt keinen Zweifel aufkommen, daß er sich als Marxist verstand – nicht im parteipolitischen, sondern im wissenschaftlichen Sinne. «Marxismus war für ihn die Bezeichnung eines in sich geschlossenen ökonomischen Systems, einer bestimmten Weltanschauung und einer festumrissenen Forschungsmethode, aber kein philosophisches System.»[23] Diese Auffassung wurde bestimmend für die Arbeit des Instituts in den nächsten Jahren, denn Grünberg verstand die Institutsverfassung, *die dem Leiter nach allen Seiten hin . . . ebenso der Unterrichtsverwaltung wie den Stiftern gegenüber völlige Unabhängigkeit gewährte, als Diktatur des Direktors*[24].

«Die ganze Atmosphäre des Instituts unter Grünberg, der Vorrang handfester empirischer, konkret-historischer Interessen, der Umstand schließlich, daß es für Grünberg wie für die ältere Generation marxistischer Gelehrter insgesamt selbstverständlich war, die Kritik der politischen Ökonomie ins Zentrum der Gesellschaftslehre zu rücken und nicht irgendeine von außen aufgenommene Philosophie – all das stiftete einen gewissen Traditionszusammenhang und trug mit dazu bei, daß die Frankfurter Theoretiker von vornherein vor der leeren Tiefe sich philosophisch gebender Marx-Interpretationen bewahrt blieben.»[25] Beweis dafür sind die ersten größeren Veröffentlichungen des Instituts. Abgesehen von zahlreichen Beiträgen der Mitarbeiter in Grünbergs «Archiv für die Geschichte des Sozialismus und der Arbeiterbewegung» erschienen im Jahre 1929 als erster Band eine Untersuchung von Henryk Grossmann über «das Akkumulations- und Zusammenbruchsgesetz des kapitalistischen Systems», als Band zwei eine Arbeit von Friedrich Pollock über «Die planwirtschaftlichen Versuche in der Sowjetunion» und als dritter Band Karl August Wittfogels umfangreiche Analyse der chinesischen Agrargesellschaft.

Die Anziehungskraft, die das Institut in den zwanziger Jahren auf Studenten und Dozenten nicht nur in Deutschland, sondern in Europa ausübte, hatte mehrere Gründe. Es war das erste wissenschaftliche Institut Westeuropas, das sich mit dem Marxismus beschäftigte, und

Vorn: eine Tante, die Eltern. Dahinter: Horkheimer, Maidon. 1928

Einladung

zu der

öffentlichen Antritts-Vorlesung

des Privatdozenten an der Universität Frankfurt am Main

Herrn Dr. phil. Max Horkheimer

am Sonnabend, den 2. Mai 1925,

vormittags 11 Uhr im Hörsaal B

über das Thema:

„Kant und Hegel"

Der Dekan der Philosophischen Fakultät

F. Schultz

es war im Gegensatz zu den sozialwissenschaftlichen Fakultäten der Universität kein Ausbildungszentrum sozialer Funktionäre. Das Humboldtsche Ideal der Einheit von Forschung und Lehre war ganz bewußt aufgegeben worden zugunsten einer reinen Forschungsanstalt, welche die Ergebnisse ihrer Arbeit den lehrenden Universitätsprofessoren überließ. Von nicht zu unterschätzender Bedeutung für das Institut war auch die Tatsache, daß zahlreiche Angehörige Mitglieder der Kommunistischen Partei waren: so Richard Sorge, Karl August Wittfogel, der es in der Partei bis zum Reichstagskandidaten brachte, Franz Borkenau, Julian Gumperz, Karl Korsch und wahrscheinlich auch Friedrich Pollock. Daraus ergaben sich für das Institut wichtige Beziehungen zur Moskauer Zentrale des Weltkommunismus und zum Moskauer Marx-Engels-Institut. David Rjasanow, der erste Direktor des Moskauer Marx-Engels-Instituts, war einige Zeit Gast des Instituts für Sozialforschung gewesen. Der Kontakt brachte für beide Seiten Vorteile. So besorgten die Frankfurter Fotokopien von unpublizierten Marx–Engels-Manuskripten, die dann über die Berliner SPD-Parteizentrale nach Moskau geschickt wurden. Als Gegenleistung lud Rjasanow Pollock anläßlich des zehnten Jahrestages der Oktober-Revolution nach Moskau ein. Ergebnis dieser Reise war eine 1929 veröffentlichte Analyse der planwirtschaftlichen Versuche in der Sowjet-Union, die mehr pessimistisch als optimistisch war.

Pollock befand sich dabei im Gegensatz zu Horkheimer, dessen Haltung gegenüber der Sowjet-Union von der optimistischen Vorstellung geprägt war, ein «humanistischer Sozialismus» könnte sich doch noch durchsetzen. 1930 notierte er: *Wer von den Gebildeten vom Hauch der Anstrengung dort (in Rußland) nichts verspürt und sich leichtsinnig überhebt, ist ein armseliger Kamerad, dessen Gesellschaft keinen Gewinn bringt. Wer Augen für die sinnlose, keineswegs durch technische Ohnmacht zu erklärende Ungerechtigkeit der imperialistischen Welt besitzt, wird die Ereignisse in Rußland als den fortgesetzten schmerzlichen Versuch betrachten, diese furchtbare gesellschaftliche Ungerechtigkeit zu überwinden, oder er wird wenigstens klopfenden Herzens fragen, ob dieser Versuch noch andauere.*[26]

In diesem Zusammenhang darf die oft diskutierte Frage, ob Horkheimer Mitglied der KPD gewesen sei, nicht übergangen werden. Fest steht, daß Horkheimer wie auch Pollock radikalen Studentengruppen sowohl in München als auch in Frankfurt und Freiburg sehr nahestanden. Doch ebenso sicher ist, daß Horkheimer, der die Enttäuschung über die Haltung der SPD zu Beginn des Ersten Weltkriegs nie überwunden hat, gegenüber Partei-Bindungen sehr zurückhaltend war.

Schon früh hatte man im Institut die Psychoanalyse als wichtiges, bislang nicht *gebührend genütztes Werkzeug der Gesellschafts- und*

33

geisteswissenschaftlichen Forschung entdeckt. Als erste akademische Anstalt in Deutschland öffnete das Institut seine Tore einer psychoanalytischen Einrichtung und ermöglichte die Gründung des Frankfurter Psychoanalytischen Instituts (dessen Nachfolger das heutige Sigmund-Freud-Institut ist).[27]

Im Jahre 1927 erlitt Grünberg einen Schlaganfall, von dem er sich nicht mehr erholte. Drei Jahre später trat er – 70 Jahre alt – vom Posten des Institutsdirektors zurück. Der einzige ernsthafte Kandidat für Grünbergs Nachfolge war Horkheimer. Pollock, der seit Grünbergs Erkrankung die Geschäfte des Direktors kommissarisch geführt hatte, war mehr an den administrativen Aufgaben im Institut interessiert als an der wissenschaftlichen Leitung. Weil führte das Leben eines Privatgelehrten, der, abgesehen von seinen Bemühungen um die Finanzen des Instituts und gelegentlich in Grünbergs «Archiv», kein Interesse an der Arbeit des Instituts hatte. 1929 verließ er Frankfurt und ging nach Berlin, wo er am linksorientierten Malik-Verlag, der Soziologischen Verlagsanstalt und an der Piscator-Bühne mitarbeitete.

Die sofortige Berufung Horkheimers zum Direktor des Instituts für Sozialforschung scheiterte an einem Artikel der Satzung, wonach der Direktor Ordinarius der Frankfurter Universität sein mußte. Den Lehrstuhl von Cornelius hatte 1928, nach Max Scheler, Paul Tillich übernommen. Abgesehen von den damaligen Usancen, keinen Privatdozenten an dieselbe Universität zu berufen, war eine Vakanz nicht abzusehen. Dem Einsatz und dem Einfluß von Tillich verdankte es Horkheimer, daß er 1930 auf den neugeschaffenen Lehrstuhl für Sozialphilosophie berufen wurde. Damit stand seiner Ernennung zum Institutsdirektor nichts mehr im Wege.

Karl Marx

Am 24. Januar 1931 hielt Max Horkheimer – 21 Tage vor seinem 36. Geburtstag – seine öffentliche Antrittsvorlesung als Ordinarius für Sozialphilosophie und Direktor des Instituts für Sozialforschung an der Universität Frankfurt. Freimütig bekannte er sich zum Wort seines empirisch-nüchternen Vorgängers Carl Grünberg von der Diktatur des Direktors und erläuterte sie als *gemeinschaftliche Diktatur der planvollen Arbeit über das Nebeneinander von philosophischer Konstruktion und Empirie in der Gesellschaftslehre*[28]. Von vornherein dachte Horkheimer also an planvolle Gemeinschaftsarbeiten von Philosophen, Soziologen, Nationalökonomen, Historikern und Psychologen, wie sie sich noch vor 1933 in einer Umfrage über die Lage der deutschen Arbeiterklasse, 1936 durch die gemeinsame Institutsforschung über Autorität und Familie und später durch Studien über Vorurteile wie den Antisemitismus und die Struktur der autoritären Persönlichkeit verwirklichten. In diesen Gemeinschaftsarbeiten sah Horkheimer das missing link zwischen den Extremen einer die Erfahrung überfliegenden, begrifflichen Konstruktion der Totalität und einer nur punktuellen, in der Feststellung von Tatsachen versandenden, theoriefreien oder sogar -feindlichen positivistischen Forschung.

Freilich war für den jungen Ordinarius Horkheimer die Sozialphilosophie zunächst – in der Gegenstellung zu einer in Deutschland wiedererstandenen systematischen Schulphilosophie – eine ausgesprochen empirische Theorie. Gegenüber jedem dogmatischen Determinismus – auch dem von Engels ausgehenden des orthodoxen Marxismus – insistierte er auf der Autonomie des menschlichen Handelns: *Übergreifende, nur einem überpersonalen Ganzen zugehörige, nur an der gesellschaftlichen Totalität zu entdeckende Seinsstrukturen, denen wir uns zu unterwerfen hätten, existieren nicht.*[29]

Die Philosophie ist also nicht imstande, ein geschlossenes, die Initiative des Menschen knebelndes und die Resultate der Einzelwissenschaften ignorierendes System vorzulegen. Die Differenz zwischen einer systematischen Anstrengung des Begriffs, die sich den Kriterien wissenschaftlicher Überprüfbarkeit zu entziehen pflegt, und dem *Chaos des Spezialistentums*, das sich in unzählige Einzeluntersuchungen zersplittert, wird vielmehr – das erhofft der junge Horkheimer – *gegenwärtig durch den Gedanken einer fortwährenden dialektischen Durchdringung und Entwicklung von philosophischer Theorie und einzelwissenschaftlicher Praxis überwunden*[30]. Die Philosophie muß also ebenso den Einzelwissenschaften *beseelende Impulse* geben, wie sie *weltoffen genug ist, um sich selbst von dem Fortgang der konkreten Studien beeindrucken und verändern zu lassen*[31].

Carl Grünberg

Die eigentümliche Schwierigkeit einer solchen Sozialtheorie besteht also für Horkheimer darin, daß *Allgemeines und Besonderes, theoretischer Entwurf und Einzelerfahrung* sich gegenseitig durchdringen müssen und daß sie selbst sich um ihres leitenden Impulses willen, *ohne jede Rücksicht der Wahrheit zu dienen* [32], von jeder Art weltanschaulicher Verklärung des Vergangenen wie des Bestehenden abwenden muß – ebenso aber auch *von dogmatischer Erstarrung und dem Versinken ins bloß Empirisch-Technische* [33].

Deutlicher noch auf die Gesamtintention Kritischer Theorie zielend, wiederholte Horkheimer im Juni 1932 im kurzen Vorwort zu seiner «Zeitschrift für Sozialforschung» die programmatischen Thesen zur Methode der Kritischen Theorie. Ziel der Kritischen Theorie ist der Versuch, *die Vorgänge des Gesellschaftslebens nach dem Stand der jeweils möglichen Einsicht zu begreifen* [34].

Es gibt also trotz empirischer Strenge für die Sozialforschung ein

Max Horkheimer, um 1925

theoretisches Zentralproblem: das Streben nach der Erkenntnis des gesamtgesellschaftlichen Prozesses. Die Kritische Theorie muß daher voraussetzen, *daß unter der chaotischen Oberfläche der Ereignisse eine dem Begriff zugängliche Struktur wirkender Mächte zu erkennen sei*[35]. Damit wird die Geschichte nicht zum Gewimmel einer nur psychologisch deutbaren Willkür, sondern zu einer wissenschaftlich erklärbaren, *von Gesetzen beherrschten Dynamik*, von Gesetzen freilich, die den Menschen nicht total determinieren, sondern im Sinne einer dialektischen, ständig pulsierenden Wechselwirkung zwischen handelnden Menschen und den Faktoren der sozialen, historisch gewordenen Struktur ihrer Mitwelt begriffen werden müssen.

Obschon die kritische Sozialforschung, wie Horkheimer meinte, primär *auf die gegenwärtige menschliche Wirklichkeit abzielt*[36], wird sie deshalb ebenso, um die Gegenwart als historisch Gewordenes zu verstehen, historische Untersuchungen wie Forschungen über die zukünftige Richtung der Geschichte einschließen müssen.

Horkheimer selbst unterzog sich der Mühe historischer Forschung mit einer Klarheit des abwägenden Urteils, die seine großen Essays über *Montaigne und die Funktion der Skepsis*, über *Egoismus und Freiheitsbewegung* und die *Anfänge bürgerlicher Geschichtsphilosophie* zu unübertroffenen Mustern kritisch-materialistischer Philosophiegeschichtsschreibung machen.

Horkheimer stand nun an der Spitze eines der ersten sozialphilosophischen Institute im Reich und zeigte sich willens, mit einer Reihe junger und hochbefähigter Mitarbeiter eine Schule des kritischen Marxismus in Deutschland zu begründen.

Dieser Marxismus sollte zwar an einer deutschen Universität gelehrt werden, aber seine Absicht entsprang von vornherein – im Unterschied zum «Kathedersozialismus» seit den achtziger Jahren – dem Grundsatz der Einheit von Theorie und Praxis. Kritische Theorie der Gesellschaft, wie Horkheimer sie verstand, sollte nicht nur empirische, sondern praktische Wissenschaft sein, sie galt dem gesellschaftlichen Kampf, der Abschaffung von Ungerechtigkeit, sie wollte jene bürgerlichen Freiheitsrechte, von denen die Theoretiker der Bourgeoisie nur sprachen und die in der Praxis den Reichen vorbehalten blieben, gesellschaftlich verwirklichen. Daher erwartete Horkheimer ursprünglich von der Arbeiterklasse nicht nur das Einverständnis mit solcher Theorie, sondern auch die Fähigkeit und Bereitschaft zur Revolution.

1940 resümierte Horkheimer in einem in den ersten Tagen des Zweiten Weltkriegs abgeschlossenen Aufsatz *Die Juden und Europa* das welthistorische Verhängnis des Faschismus im Blick auf die deutsche Arbeiterklasse: *Die deutschen Arbeiter besaßen die Qualifikation zur neuen Einrichtung der Welt. Sie wurden besiegt.*[37] Ebenso schrieb er in *Dämmerung*: *In beiden Parteien* (SPD und KPD) *existiert ein Teil der Kräfte, von denen die Zukunft der Menschheit abhängt.*[38]

Freilich hatte Horkheimer in diesen Aphorismen aus den zwanziger Jahren die fundamentale Uneinigkeit beider Arbeiterparteien kritisiert. Die Aufhebung ihrer Spaltung in der Praxis sah er jedoch vom schicksalhaften, in der Weltwirtschaftskrise kulminierenden *Gang des ökonomischen Prozesses gehindert, der einen großen Teil der Bevölkerung seit der Geburt von den Arbeitsstätten fernhält und zu aussichtsloser Existenz verdammt*[39].

Schon damals unterstellte Horkheimer den Kommunisten trotz ihrer Einsicht in die Schlechtigkeit des Bestehenden Autoritätsgläubigkeit und Neigung zur Gewalt: *Sie verweisen häufig anstatt auf Gründe bloß auf die Autorität. In der Überzeugung, die ganze Wahrheit für sich zu haben, nehmen sie es mit den einzelnen Wahrheiten nicht so genau und bringen ihre besserwissenden Gegner mit moralischer, notfalls auch mit physischer Gewalt zur Räson.*[40]

Den Sozialdemokraten hingegen warf Horkheimer vor, sie könnten zwar theoretische Kenntnisse produzieren und vorweisen, *aber sie ermangeln der fundamentalen Erfahrung von der dringenden Notwendigkeit der Änderung*[41].

40

Das Institut für Sozialforschung in Frankfurt am Main, 1924

Dieser reformistisch gewordenen SPD, die sich an das revisioni-
stische Konzept Eduard Bernsteins gehalten hatte, hielt Horkheimer
vor, sie habe *das Wissen um die Unmöglichkeit einer wirksamen Verbesserung der menschlichen Verhältnisse auf kapitalistischem Boden
verloren*[42].

Horkheimers kritischer Marxismus wollte also politisch den orthodoxen Autoritätsglauben und die Praxis des individuellen Terrors
gegenüber Ketzern vermeiden, er war sich aber ebenso klar darüber –
so stand es 1937 in dem grundlegenden Aufsatz *Traditionelle und kritische Theorie* –, daß der kritische Geist liberal und nicht liberal
zugleich sein muß und den realen Kampf nicht scheuen darf: *Der Geist
ist liberal. Er verträgt keinen äußeren Zwang, keine Anpassung seiner
Ergebnisse an den Willen irgendeiner Macht . . . Soweit er auf Autonomie, auf die Herrschaft der Menschen über ihr eigenes Leben wie über
die Natur abzielt, vermag er diese Tendenz als wirkende Kraft in der
Geschichte zu erkennen. Isoliert betrachtet, erscheint das Feststellen
der Tatsachen als neutral; aber wie der Geist sie ohne Interesse nicht
zu erkennen vermag, so vermag er sie auch nicht ohne realen Kampf
zum allgemeinen Bewußtsein zu machen. Insofern ist der Geist nicht
liberal.*[43]

41

Obschon Horkheimers *Dämmerung* seine Bereitschaft reflektiert, den gesellschaftlich-politischen Kampf der Massen um die Verbesserung ihres Lebens als integrales Moment – und nicht nur als denkbare Konsequenz – der Kritischen Theorie zu akzeptieren, ist seine Theorie primär Theorie, und zwar zunächst empirische Theorie: *In der materialistischen Theorie kommt es nicht darauf an, Begriffe unverändert durchzuhalten, sondern das Los der Allgemeinheit zu verbessern. In dem Kampf darum haben die Ideen ihren Inhalt verändert.*[44] *Die materialistische Theorie gewährt dem politisch Handelnden noch nicht einmal den Trost, daß er notwendig zum Ziele kommen müsse; sie ist keine Geschichtsmetaphysik, sondern das sich verändernde Bild der Welt, wie es im Zusammenhang mit dem praktischen Bemühen um ihre Verbesserung sich entwickelt. Die Erkenntnis von Tendenzen, welche in diesem Bild enthalten ist, gewährt keine eindeutige Voraussage für den geschichtlichen Verlauf.*[45]

Freilich bleiben in dieser Theorie untergründig Momente unverkennbar, die aus Horkheimers früher Auseinandersetzung mit Kant und Schopenhauer herrühren und sie ausdrücklich über jeden, auch bewußt verworfenen Empirismus erheben. Das Studium Kants hatte Horkheimer die Einsicht vermittelt, aus dem Vorrang der praktischen Vernunft als Wille *die gesamte Gesetzgebung des Verstandes als ideengeleitetes theoretisches Verhalten an die praktische Vernunft zu heften*[46].

Entscheidend ist also die sich am Kategorischen Imperativ – der das Handeln eines jeden unter die Maxime einer allgemeinen moralischen Gesetzgebung stellt – auslegende Freiheit des menschlichen Willens. Sie weiß sich betroffen – und hier führt der Einfluß von Marx Horkheimer in die Sozialität hinein – von der Forderung, menschenwürdige soziale Zustände herzustellen, um die Würde des Menschen, die sittliche Freiheit der Person, die durch Elend, Zwang und Furcht zerstört wird, nicht nur wiederherzustellen, sondern überhaupt erst zu verwirklichen. Die Unbedingtheit des moralischen Freiheitspostulats bei Kant klingt hier mit einem jüdischen Urmotiv im Denken Horkheimers zusammen: dem gerechten Zorn über die Ungerechtigkeit in der Welt – einer «Pathetik des Elends» (Paul Ricœur), die sich mit der entscheidenden humanistisch-sozialethischen Erkenntnis von Marx kombiniert und als Objekt wissenschaftlicher Theorie von allen marxistischen Ökonomisten bis hin zu Louis Althusser geleugnet wird: Die Menschen selbst sind für die Ökonomie ihres Elends wie für den physischen und psychischen Zwang der Herrschaft von Menschen über Menschen verantwortlich – an ihnen selbst liegt es daher auch, die Verhältnisse zu ändern: *Wie sich um den einzelnen Menschen für ihn selbst die Welt zu drehen scheint, wie sein Tod für ihn mit ihrem Unter-*

David Rjasanow

gang zusammenfällt, so ist die Ausbeutung und die Not der Massen für sie die Not schlechthin und die Geschichte dreht sich um die Verbesserung ihrer Existenz. Aber die Geschichte muß sich nicht danach richten, es sei denn, sie werde gezwungen.[47]

Aber Horkheimer stand auch unter dem Einfluß Schopenhauers. Im untergründigen Pessimismus der Kritischen Theorie tönt Schopenhauers Überzeugung von der Sinnlosigkeit der Geschichte mit, und in der schon sehr frühen Skepsis gegenüber einer definitiven Veränderung der Welt durch die soziale Revolution erscheint Schopenhauers These von der Vergeblichkeit des Willens zum Leben: *Es mag als herrliches Ziel erscheinen, daß die Menschen auf dieser Erde eine Zeitlang glücklicher und weiser leben als unter den blutigen und verdummenden Verhältnissen, die das Ende gesellschaftlicher Lebensformen zu kennzeichnen pflegen. Aber schließlich werden doch auch jene späteren Generationen untergegangen sein, und die Erde wird dann ihre Bahn fortsetzen, als ob nichts geschehen wäre.*[48]

Paul Tillich

Schopenhauers Ethik des Mitleidens mit den Unterdrückten und Geschlagenen, die von ihrem Willen zum Leben nicht nur wie jeder andere genarrt, sondern um dessen vergängliche Früchte betrogen sind, wird zu einem entscheidenden Regulativ der Kritischen Theorie – verstärkt noch zur verzweifelten Solidarität mit aller geschundenen Kreatur: *Die Solidarität der Menschen ist jedoch ein Teil der Solidarität des Lebens überhaupt ... Die Tiere bedürfen des Menschen. Es ist die Ehre der Schopenhauerschen Philosophie, daß sie die Einheit von uns und ihnen ganz ins Licht gerückt hat ... Die Züge der Menschen haben zwar eine besondere Prägung, aber die Verwandtschaft seines Glücks und Elends mit dem Leben der Tiere ist offenbar.*[49]

Die Unversöhnlichkeit der Geschichte, die den Menschen zum Knecht des Menschen macht und den Anschein von Versöhnung in der dogmatischen Behauptung eines absoluten Glaubens wie eines absoluten Wissens widerlegt hat, veranlaßte Horkheimer, die Perennität des Elends gegen die Perennität des Denkens, die Fragwürdigkeit der Empirie gegen die Unbefragbarkeit der Transzendenz, die Hinfälligkeit des Einzelnen gegen die Potemkinschen Dörfer des Allgemeinen, die schutzlose Brüchigkeit der Methode gegen das historische Ruinenfeld des Systems zu stellen. Aber nur in einem oberflächlichen Sinn könnte bei Horkheimer vom Vorherrschen empirischen Denkens, von einem — wie Sartre seine eigene «Kritik der dialektischen Vernunft» nannte — «dialektischen Nominalismus» gesprochen werden.

Horkheimers Denken ist von Anfang an wie das Adornos «atonal» (Georg Picht), Dialektik des Nichtidentischen, die jedoch als Theorie der Gesellschaft zugleich Totalisierung will. Dieses Denken enthält also immer noch dissonant in sich, was es jeweils schon wieder überschritten zu haben glaubt. So enthält Horkheimers Kritische Theorie durchgängig auf dem Boden einer ursprünglich dem Nihilismus nahen Bürger-Skepsis ebenso wie im Moment ihres unnachsichtigen Willens zur Gerechtigkeit Elemente einer theologia occulta in sich.

Der Gestus Kritischer Theorie, die als Kritik die Disharmonie der Welt wie die Nichtigkeit des einzelnen enthüllt, als Theorie jedoch die Erscheinung der sozialen Welt in der Momentaufnahme des jeweiligen Existenzialurteils totalisiert, scheint daher paradox; er ist Totalisierung als Mikrologie.

Dieser Mikrologie wird die Logik fragwürdig, weil sie als Mikrologie und Pathetik des Elends die Logik der Identität nur mehr als Logik des Zerfalls zu erfahren vermag — so wird ihr Dialektik zur Logik von Dissoziationsprozessen, die im totalisierenden Lebensprozeß der Gesellschaft konkret Zerfall reproduzieren: die Unabschließbarkeit und die Vergeblichkeit der Geschichte in und aus der Endlichkeit des Menschen: *Aber der Tod ist theoretisch auf keine Weise «sinnvoll» zu machen; vielmehr erweist sich an ihm die Ohnmacht aller sinngebenden Metaphysik und jeder Theodizee.*[50] — *Der Schüler der Aufklärung aber ist davon überzeugt, daß auch die zukünftigen Geschlechter, für die er kämpft, unwiderruflich vergänglich sind und am Ende immer das Nichts über die Freude siegt.*[51]

Solcher Mikrologie des Zerfalls wird daher die Logik auch deswegen fragwürdig, weil sie als scheinbar neutrales, tautologisches Spiel der Formen von jedem Inhalt abstrahiert: *Die Logik ist nicht unabhängig vom Inhalt. Angesichts der Tatsache, daß in der Wirklichkeit dem bevorzugten Teil der Menschen billig ist, was dem anderen unerreichbar bleibt, wäre eine unparteiische Logik so parteiisch wie das Gesetzbuch, das für alle das gleiche ist.*[52]

Die auf Inhalte rekurrierende Logik kann daher nicht starre Idealisa-

Direktor des Instituts, 1931

tionen des Konkreten verknüpfen, Sätze also, die zu logischen Formen
der Welt hypostasiert werden, Formen, die, zur tautologischen Identität erklärt, ebenso exakt wie sinnlos wären. Eine Logik, die den Inhalt
nicht ausschließt, kann daher nur Logik des Prozesses sein: die Dialektik als *Inbegriff der Methoden und Gesetze, die das Denken befolgt, um
die Wirklichkeit so genau wie möglich nachzubilden, und die mit dem
Formprinzip der Verläufe soweit wie möglich übereinstimmen* [53].

Materialistische Dialektik als Logik des Gesellschaftsprozesses und
seiner Konflikte ist daher nicht System, sondern Methode. Es gibt für
sie laut Horkheimer keine abschließende, Welt und Geschichte endgültig identifizierende Theorie. Schon 1930 stellte er fest: *Das Vertrauen
auf strenges und gewissenhaftes Denken und das Wissen um die
Bedingtheit von Inhalt und Struktur der Erkenntnisse schließt sich*

46

nicht aus, sondern gehört notwendig zusammen . . . es liegt gerade im Wesen der echten Erkenntnis, niemals abgeschlossen zu sein. Vielleicht ist das die tiefste Bedeutung aller dialektischen Philosophie.[54]

Jede Erkenntnis bleibt deswegen unabgeschlossen, weil die soziale Wirklichkeit immer nur Totalisierung im Werden, niemals Totalität ist, die stillgestellt und exakt widergespiegelt werden könnte. Totalität beruht in jedem Fall auf idealistischer Konstruktion, nicht auf kritisch-empirischer Rekonstruktion. Horkheimers Kritische Theorie muß daher jede Ontologie – und sei es die des gesellschaftlichen Seins wie beim alten Lukács – verwerfen, weil die Ontologie vom Parameter der Zeit abstrahiert und daher auch von der Veränderung der Wirklichkeit wie von der aus ihr folgenden *Flüssigkeit der Begriffe, in der sich die Bewegung der Realität spiegelt*[55].

Entscheidend ist hierbei noch ein zweiter Aspekt: die Veränderung der Wirklichkeit durch menschliches Handeln, in der sich erst die formale Bestimmung der Wahrheit verwirklicht, *Übereinstimmung der Erkenntnis mit ihrem Gegenstande* zu sein. Erst von dieser materialistischen Bestimmung der Einheit von Theorie und Praxis her wird die Kritik Horkheimers an jeder Metaphysik deutlich: *Eine isolierte und abschlußhafte Theorie der Wirklichkeit ist schlechthin undenkbar. Wenn die formale Bestimmung der Wahrheit . . . ernst genommen wird, so folgt bereits daraus der Widerspruch zur dogmatischen Auffassung des Denkens. Die Übereinstimmung ist ja weder nur ein Faktum, eine unmittelbare Tatsache, als die sie in der Evidenz- und Intuitionslehre und der Mystik erscheint, noch kommt sie in der reinen Sphäre geistiger Immanenz zustande, wie es in der metaphysischen Legende Hegels aussieht, stets wird sie vielmehr durch reale Vorgänge, durch menschliche Aktivität hergestellt.*[56]

Diese menschliche Aktivität kann sich zunächst als wissenschaftliche Praxis der Forschung, der experimentellen Prüfung von Tatsachen, aber auch der Kritik an Hypothesen und Theorien ausdrücken. Stets werden aber *die Richtung der Aufmerksamkeit, die Feinheit der Methoden, die Struktur des Kategorienmaterials*[57], also die wissenschaftliche Aktivität der Forscher, der bestimmten gesellschaftlichen Periode entsprechen, in der sie leben. Es gibt keine Forschungsvorgänge, die nicht zugleich soziale Produktions- oder Reproduktionsprozesse wären: *Die Beziehung von Hypothesen auf Tatsachen vollzieht sich schließlich nicht im Kopf der Gelehrten, sondern in der Industrie.*[58]

Die konkrete, historisch-soziale Bedingtheit nicht nur der Forschungspraxis, sondern sogar des angeblich natürlich-permanenten Funktionierens der Sinnesorgane dient Horkheimers Kritischer Theorie als Nachweis der Tatsache, daß sich eine philosophische Theorie, sei

es die des Seins oder des Erkennens, stets auf dem Boden des umgreifenden gesellschaftlichen Lebensprozesses entwickelt — und daher keine endgültige Erklärung der Wirklichkeit liefern kann: *Die Tatsachen, welche die Sinne uns zuführen, sind in doppelter Weise gesellschaftlich präformiert: durch den geschichtlichen Charakter des wahrgenommenen Gegenstands und den geschichtlichen Charakter des wahrnehmenden Organs. Beide sind nicht nur natürlich, sondern durch menschliche Aktivität geformt: das Individuum jedoch erfährt sich selbst bei der Wahrnehmung als aufnehmend und passiv. Der Gegensatz von Aktivität und Passivität, der in der Erkenntnistheorie als Dualismus von Sinnlichkeit und Verstand auftritt, gilt für die Gesellschaft nicht im gleichen Maß wie für das Individuum ... Daher wechselt die Bedeutung der Begriffe von Passivität und Aktivität, je nachdem, ob sie auf die Gesellschaft oder auf das Individuum bezogen werden. In der bürgerlichen Wirtschaftsweise ist die Aktivität der Gesellschaft blind und konkret, die des Individuums abstrakt und bewußt.*[59]

Eine rein theoretische Kritik reicht jedoch für Horkheimer nicht hin, die Totaltheorien von der Wirklichkeit zu widerlegen. Gerade im Blick auf den Idealismus und *die Metaphysik überhaupt* forderte er 1937 als deren Negation, *daß man sie verwirklicht*[60], und drei Jahre später definierte er die wieder Philosophie genannte Kritische Theorie: *Philosophie ist der methodische und beharrliche Versuch, Vernunft in die Welt zu bringen.*[61] Im gleichen Aufsatz urteilte er über den wahren Idealismus der Philosophie: *Seit Platon hat die Philosophie niemals den wahren Idealismus aufgegeben, daß es möglich sei, die Vernunft unter Menschen und Nationen heimisch zu machen. Sie hat nur den falschen Idealismus abgelegt, demzufolge es genügt, das Bild der Vollkommenheit hochzuhalten ohne Rücksicht darauf, wie sie zu erreichen sei.*[62]

Der revolutionäre Aktivismus des jungen Horkheimer tritt vor allem in den frühen Aufsätzen, die jede Totaltheorie und Metaphysik entschieden verwerfen, deutlich hervor. Materie und Geschichte haben keinen objektiven Sinn, Geschichte ist ohne Vernunft, nur die gesellschaftliche Aktivität der Menschen kann aus der Naturgeschichte des menschlichen Elends, aus herrschaftlicher Unterdrückung und Gewalt die Befreiungsgeschichte der Menschheit entstehen lassen:

Die vollständig gelungene Erklärung, die durchgeführte Erkenntnis der Notwendigkeit eines geschichtlichen Ereignisses, kann für uns, die wir handeln, zum Mittel werden, Vernunft in die Geschichte hineinzubringen; aber die Geschichte hat keine Vernunft «an sich» betrachtet, ist keine wie immer geartete «Wesenheit», weder «Geist», dem wir uns beugen müßten, noch «Macht», sondern eine begriffliche Zusammenfassung von Ereignissen, die sich aus dem gesellschaftlichen Lebensprozeß der Menschen ergeben. Von der «Geschichte» wird niemand ins Leben gerufen oder getötet, sie stellt weder Aufgaben noch löst sie solche. Nur die wirklichen Menschen handeln, überwinden Hindernisse und können dazu gelangen, einzelnes oder allgemeines Leid, das sie selbst oder das Naturmächte geschaffen haben, zu verringern.[63] — *Nicht anders als mit «dem» Denken und «dem» Sein steht es mit «der» Geschichte. Es existiert keine Wesenheit oder einheitliche Macht, die den Namen der Geschichte tragen dürfte ... Alle diese Totalitäten, durch welche die große Totalität: das Subjekt-Objekt, bestimmt ist, sind höchst sinnleere Abstraktionen und keineswegs etwa Seelen des Wirklichen, wie Hegel geglaubt hat.*[64]

Das *Vertrauen in die Zukunft* gilt Horkheimer daher als *begriffsbildende Kraft* der Theorie, einer Theorie, die er auch im Blick auf die möglichen und wirklichen Niederlagen der Revolution als weiterhin gültig ansah. Er meinte, die Erkenntnis der *untergehenden Kämpfer*, sofern sich in ihr die Struktur der Epoche und die grundsätzliche Möglichkeit einer besseren spiegle, könne *nicht dadurch zuschanden werden, daß die Menschheit in Bomben und Giftgasen verkommt*[65].

Umgekehrt wiederum erwartete er welthistorische Umwälzungen nicht von der utopischen Hoffnung darauf, daß sich zunächst die Menschen und ihr Bewußtsein änderten, sondern von der Wirksamkeit kleiner Gruppen, die unter der Macht der Erkenntnis stehen und nicht den eingeschliffenen Reaktionen auf die sogenannte Macht der Gesellschaft nachgeben: *Von der kompromißlosen Anwendung der als wahr erkannten Einsicht hängt zum großen Teil Richtung und Ausgang der geschichtlichen Kämpfe ab . . . Die Wahrheit wird vorwärtsgetrieben, indem die Menschen, die sie haben, zu ihr stehen, sie anwenden und durchsetzen, ihr gemäß handeln, sie gegen alle Widerstände . . . zur Macht bringen.*[66]

Obschon die Wahrheit wie der Mensch endlich und vergänglich ist und von den jeweiligen Umständen der gesellschaftlichen Kämpfe bestimmt wird, gehört für Horkheimer zur Kritik nicht allein die skeptische Negation des Bestehenden, sondern zugleich die *innere Unabhängigkeit, das Wahre nicht fallen zu lassen*[67]. Die Wahrheit der Theorie ist Entwurf, sie beruht auf der analytischen Einsicht, daß eine vernünftige Gesellschaft bereits möglich ist. Damit verweigert sich die materialistische Theorie Horkheimers der feudalen Versöhnung im Gedanken, im philosophischen System. Sie muß daher auch ablehnen, theoretisch das Resultat möglicher gesellschaftlicher Versöhnung vorwegzunehmen.

Horkheimer kritisierte daher die sich zum Unbedingten aufspreizende Autorität jeglicher Couleur. Sehr schroff kommt das in der frühen Bestimmung zum Ausdruck, daß in keinem Fall *gesellschaftliche Interessen* über die Wahrheit zu entscheiden hätten, sondern allein *Kriterien, die sich im Zusammenhang mit dem theoretischen Fortschritt entwickelt haben*[68]. Damit sollte aber nicht die positivistische Trennung von Theorie und Praxis verteidigt, sondern der utilitaristischen Deformation der Theorie vorgebeugt werden – einer Deformation, die unter Stalin den orthodoxen Marxismus zum willfährigen Instrument der jeweiligen politischen Zweckmäßigkeit machen sollte.

Immanuel Kant. Gemälde von Döbler

EMIGRATION

Eine der ersten organisatorischen Entscheidungen Horkheimers im Jahre 1931 war die Einrichtung von Zweigstellen des Instituts im Ausland gewesen. Der Flüchtling von Geburt – wie ihn Adorno einmal nannte – hatte wohl die Gefahr gespürt, die vom Nationalsozialismus drohte. Zwar glaubte er noch immer, daß der Nationalsozialismus an einer proletarischen Revolution scheitern würde, aber er schloß nun – Anfang der dreißiger Jahre – nicht mehr aus, daß Hitler vorübergehend an die Macht kommen könnte.

Schon vor Horkheimers Amtsantritt war Pollock nach London gefahren, um Verbindung zu britischen Soziologen aufzunehmen. Alexander Farquharson, Herausgeber der «Sociological Review», unter-

Georg Lukács

stützte den Plan, ein Büro des Instituts in London einzurichten.

Eine weitere Dependance eröffneten Horkheimer und Pollock mit Unterstützung des Bureau International du Travail beim Völkerbund in Genf. Sie wurde von Pollock und dessen Assistenten Kurt Mandelbaum geleitet. Angesichts der politischen Erfolge des Nationalsozialismus, die Horkheimers Prognose einer vorübergehenden Machtergreifung der Nazis bestätigten, transferierte Pollock den größten Teil des Institutsvermögens nach Holland. Damit war der Grundstock gelegt für ein Weiterbestehen des Instituts auch in der Emigration.

Mit der «Zeitschrift für Sozialforschung» – Nachfolgerin des Grünberg-Archivs – schuf Horkheimer nicht ausschließlich eine Plattform für das Institut, sondern mehr noch ein Forum für sehr differenzierte Standpunkte innerhalb der Sozialphilosophie. Sie sollte auch nicht – dieser Absicht diente, noch bevor die erste Nummer erschien, eine

Good will-Reise Leo Löwenthals nach Köln – in Konkurrenz zu Leopold von Wieses «Kölner Vierteljahreshefte für Soziologie» treten. Denn Horkheimer – ganz in der Tradition von Gerlach und Grünberg – verteidigte sehr entschieden den interdisziplinären Charakter der Sozialphilosophie: *Um ihr Ziel, die Vorgänge des Gesellschaftslebens nach dem Stand der jeweils möglichen Einsicht zu begreifen, erreichen zu können, muß die Sozialforschung eine Reihe von Fachwissenschaften auf ihr Problem zu konzentrieren und für ihre Zwecke auszuwerten trachten. Die Zeitschrift versucht, an der Erfüllung dieser Aufgabe mitzuwirken. Sie zieht die Faktoren, die für das Zusammenleben der Menschen in der Gegenwart bestimmend sind, seien sie ökonomischer, psychischer, sozialer Natur, in ihren Arbeitskreis.*[69]

Bereits die erste Nummer der Zeitschrift, die im Frühjahr 1932 in einem Umfang von 252 Seiten erschien, dokumentierte auf sehr eindrucksvolle Weise dieses interdisziplinäre Moment. Neben Horkheimers allgemeiner Betrachtung über Wissenchaft in der Krise finden sich darin Aufsätze von Pollock zur Lage des Kapitalismus und den Aussichten einer planwirtschaftlichen Neuordnung, ein Bericht Löwenthals über die gesellschaftliche Lage der Literatur und ein Aufsatz von Adorno zur gesellschaftlichen Lage der Musik.

Obwohl Adorno offiziell erst von 1938 an zum Institut gehörte, hatte er schon seit seiner Rückkehr aus Wien im Jahre 1928 in enger Verbindung zum Institut gestanden, besonders als Horkheimer dessen Direktor geworden war. 1931 habilitierte sich Adorno bei Tillich mit einer Arbeit über Kierkegaard.

Etwas später als Adorno nahm Herbert Marcuse Verbindung mit dem Institut auf. Marcuse, 1898 in Berlin geboren, entstammte einer wohlhabenden jüdischen Familie. Während der November-Revolution 1918 gehörte er einem Berliner Soldatenrat an. Nach der Auflösung der Arbeiter- und Soldatenräte studierte er Philosophie, zunächst in Berlin, später in Freiburg, wo er auch im Jahre 1923 promovierte. Nach sechsjähriger Tätigkeit als Buchhändler und Verleger in Berlin kehrte er 1929 nach Freiburg zurück, um sich als Assistent von Heidegger auf die akademische Laufbahn vorzubereiten. Doch bald führten die unterschiedlichen politischen Ansichten Marcuses und Heideggers zum Bruch. Marcuse sah ein, daß er bei Heidegger wohl niemals habilitieren könne – seine schon fast fertige Habilitationsschrift erschien 1932 unter dem Titel «Hegels Ontologie und die Grundlegung einer Theorie der Geschichtlichkeit» –, und verließ Freiburg. Der damalige Kurator der Universität Frankfurt, Kurt Riezler, der Marcuse persönlich kannte, empfahl ihn Horkheimer. Erst fünfzehn Jahre später – 1947 – trafen sich Heidegger und Marcuse wieder.

Mit der Machtübernahme der Nationalsozialisten war das Schicksal des Frankfurter Instituts besiegelt. Das als «Café Marx» und Hort jüdischer Dekadenz verhaßte Institut war den neuen Herren schon lange ein Ärgernis gewesen. Bereits Ende Januar hatte Horkheimer seine Kronberger Wohnung verlassen und war in ein Hotel in der Nähe des Frankfurter Hauptbahnhofs gezogen. Im Februar bezog er mit seiner Frau eine Wohnung in Genf, von wo er einmal in der Woche nach Frankfurt fuhr. Seine Logik-Vorlesung hatte er für den letzten Monat des Winter-Semesters abgesagt und über Fragen der Freiheit gelesen.

Als im März 1933 das Institut wegen staatsfeindlicher Tendenzen geschlossen, Gebäude und die 60000 Bände zählende Bibliothek beschlagnahmt wurden, übersiedelte Horkheimer endgültig nach Genf, wo bereits im Februar die Zweigstelle zum Hauptsitz des Instituts erklärt worden war. Unter dem neuen, seinen europäischen Charakter kennzeichnenden Namen «Société Internationale des Recherches Sociales» versammelte sich so ziemlich alles, was Rang und Namen in der Soziologie und Philosophie hatte. Dem neuen Vorstand gehörten neben Friedrich Pollock als Vorsitzendem Horkheimer, Tillich, Charles Beard, Célestin Bouglé, Alexander Farquharson, Robert S. Lynd, Karl Landauer, Raymond de Saussure und andere an.

In der Zwischenzeit hatten alle Institutsangehörigen – außer Wittfogel, der in ein Konzentrationslager gebracht worden war – Frankfurt verlassen. Im März war noch das erste Heft des zweiten Jahrgangs der «Zeitschrift für Sozialforschung» erschienen. Danach teilte der Verleger C. L. Hirschfeld Horkheimer mit, daß er ein weiteres Erscheinen nicht mehr garantieren könne.

Célestin Bouglé stellte daraufhin die Verbindung zur Librairie Félix Alcan in Paris her, wo dann auch die Zeitschrift in deutscher Sprache bis 1940 erschien. Im Vorwort zum ersten in Paris publizierten Heft schrieb Horkheimer: *Das Institut für Sozialforschung wird sich auch weiterhin bemühen, die Theorie der Gesamtgesellschaft und ihrer Hilfswissenschaften zu fördern. Sein Mitarbeiterkreis, der sich aus jungen Gelehrten verschiedener Fächer zusammensetzt, erblickt in der Theorie einen Faktor zur Verbesserung der Wirklichkeit. Das begreifende Denken hat für die gesellschaftlichen Mächte keineswegs die gleiche Bedeutung: manchen unter ihnen gilt es mit Recht als schädlicher Ballast: die vorwärts strebenden Kräfte der Menschheit aber werden seiner nicht entraten können.*[70]

Die *Theorie als ein Faktor zur Verbesserung der Wirklichkeit*, diese Worte sind Ausdruck eines trotz der nationalsozialistischen Machtübernahme noch ungebrochenen Optimismus, der freilich – wie später gezeigt werden wird – an den Erfahrungen von Emigration, Faschismus und Krieg zerbricht.

Georg Wilhelm Fried-
rich Hegel. Gemälde
von Schlesinger

Nach einem Jahr Aufenthalt in der Schweiz waren sich die meisten
Mitglieder des Instituts darüber einig, daß die Etablierung des Instituts
in Genf nur eine vorübergehende Maßnahme gewesen sein konnte.
«Der Faschismus macht in der Schweiz große Fortschritte», schrieb
Henryk Grossmann im Mai 1933 an Paul Mattik, «und neue Gefahren
drohen unserem Institut, das ist sicher.»[71] Damit drückte er die
Befürchtungen vieler Institutsmitglieder aus. Im Februar 1934 fuhr
Pollock nach England, um die Möglichkeiten einer Verlegung des Insti-
tuts nach London zu prüfen. Doch die Verhandlungen zerschlugen
sich. Auch die Pariser Soziologen waren nicht begeistert, als der Plan
bekannt wurde, das Institut nach dort zu verlegen. Wohl nicht zu
Unrecht vermutete Paul Honigsheim, der nach seiner Flucht die Pariser
Niederlassung des Instituts leitete, daß die Pariser Gelehrten die Konkurrenz ihrer deutschen Kollegen fürchteten.

So blieb – der Gedanke an Moskau war niemals erwogen worden –
nur die Übersiedlung nach Amerika. Bereits 1933 hatte Horkheimer
Julian Gumperz, der in Amerika geboren war, nach New York

geschickt, um Möglichkeiten für eine sichere Institutsarbeit zu erkunden. Gumperz kam mit einem sehr optimistischen Bericht zurück, und im Mai 1934 fuhr Horkheimer selbst nach New York. Seine Verbindungen zu Reinhold Niebuhr, Robert Mac Iver und anderen verhalfen ihm zu einem Gespräch mit Nicholas Murray Butler, dem Präsidenten der Columbia University: *Butler empfing mich mit größter Freundlichkeit. Nachdem er mich angehört hatte, ließ er mir durch den Provost das Gelände der Universität zeigen. Bei der Rückkehr in das Büro des Präsidenten war seine erste Frage: «Wie gefällt Ihnen das Haus Nummer 429?» Etwas erstaunt antwortete ich, daß es mir sehr gut gefiele. «Dann können Sie dieses Haus für Ihr Institut haben», war seine kurze Antwort.*[72] Horkheimer war sich nicht sicher, wie Butlers Angebot gemeint war, und schrieb ihm einen Brief, in dem er ihn fragte, ob er die Offerte richtig verstanden habe. «Sie haben mich perfekt verstanden», war die ganze Antwort des Universitätspräsidenten.[73]

Die Umsiedlung nach New York – dank Pollocks Vorsorge war ja das in Wertpapieren angelegte Stiftungsvermögen noch vorhanden – ging ohne Schwierigkeiten vonstatten. Die Zeitschrift erschien weiterhin in Paris. Nach Ausbruch des Krieges schrieb Horkheimer im Herbst 1939 an Alcan, er befürchte, daß nun das Erscheinen der Zeitschrift gefährdet sei. Doch der Verlag antwortete, daß Jean Giraudoux, der Kultusminister, es als Ehre betrachte, wenn die Zeitschrift weiterhin erschiene. Erst als Hitlers Truppen Paris besetzten, wurden in New York noch vier Nummern in englischer Sprache mit dem neuen Titel «Studies in Philosophy and Social Science» veröffentlicht.

Schon bald nachdem sich das «International Institute of Social Research» in New York etabliert hatte, begann man Seminare abzuhalten, an denen neben den Institutsmitgliedern auch amerikanische und deutsche Studenten teilnahmen. Themen waren unter anderem: «Probleme der Ökonomie», «Das finanzielle System des Faschismus», «Die Rechtsprechung in autoritären Staaten» und «Probleme und Methoden der Sozialwissenschaften». Als erste große in Amerika beendete Arbeit erschien 1936 in Paris ein umfangreicher Sammelband *Studien über Autorität und Familie.* Im gleichen Jahr begannen Horkheimer und die anderen Institutsmitglieder Vorlesungen an der Columbia University zu halten. Im Herbst 1937 war Horkheimer nach Europa gefahren. Nachdem bereits 1936 das Londoner Büro geschlossen worden war, wollte er die Arbeit der Pariser Dependance effektiver gestalten, besonders, um das Erscheinen der Zeitschrift sicherzustellen. Bei dieser Gelegenheit traf er in Paris auch mit Walter Benjamin zusammen. Nach seiner Rückkehr schrieb Horkheimer an Adorno: *Zum Schönsten gehörten einige Stunden mit Benjamin. Von allen steht er uns weitaus am nächsten. Ich werde alles tun, was nur in meinen Kräften steht,*

Zeitschrift

für

Sozialforschung

Herausgegeben vom

INSTITUT FUR SOZIALFORSCHUNG FRANKFURT/M.

Jahrgang I 1932 Doppelheft 1/2

VERLAG VON C. L. HIRSCHFELD / LEIPZIG

damit er aus seiner finanziellen Misere herauskommt.[74] Benjamin, der seit 1935 Mitarbeiter des Instituts in Paris war, wurde 1940 Mitglied des Instituts. Im Spätsommer 1940 verschaffte Horkheimer ihm ein Affidavit und Visum für die legale Ausreise aus dem unbesetzten Frankreich nach den USA. Doch als Benjamin beim ersten Versuch die Grenze nach Spanien nicht passieren durfte, nahm er sich am 26. September das Leben.

Der letzte aus dem Frankfurter Kreis, der Deutschland verließ, war Adorno gewesen. Obwohl ihm schon 1933 die venia legendi entzogen worden war, blieb er in Frankfurt. 1934 ging er nach Oxford, freilich mit der Absicht, nach beendetem Studium zurückzukehren. 1938 holte

Theodor W. Adorno

Horkheimer ihn nach Amerika. Er wurde Mitglied des Instituts und war gleichzeitig als musikalischer Leiter des Princeton-Radio Research Project tätig.

Als Adorno nach New York kam, stand es mit den Finanzen des Instituts nicht zum besten. Schon 1937, nach seiner Rückkehr aus Europa, hatte Horkheimer geklagt: *In die Baisse, die sich seit Ende August immer verschlimmert hat, sind ungefähr alle ökonomischen Fachleute mit vollen Portefeuilles hineingeraten — auch wir. Unsere Verluste sind sehr groß, und allem Anschein nach werden sie sich noch vermehren. Da unser Vermögen, seit es besteht, viel zu klein ist, als daß wir von den Zinsen leben könnten, sind die Kosten des gesamten Betriebs von den*

Gewinnen bestritten worden. Da in den nächsten Jahren nicht mit Gewinnen, sondern mit Verlusten zu rechnen ist, so wird es ohne schwere Einschränkungen nicht gehen ... Jedenfalls wird hier jetzt alles getan, damit, auch wenn sich diese Baisse als Einleitung zu einer langen ökonomischen Depressionsperiode erweisen sollte, der Fortgang der entscheidenden Arbeiten des Instituts gesichert bleibt.[75]

Dabei war eine bislang kaum beachtete Aufgabe des Instituts, nämlich die Unterstützung emigrierter Akademiker, gerade in den letzten Jahren vor dem Zweiten Weltkrieg immer größer geworden. Horkheimer ging es vor allem darum, den Emigranten Starthilfe für eine akademische Laufbahn zu geben, sei es, daß er Aufsätze von ihnen in der Zeitschrift veröffentlichte oder daß er die Druckkosten für ihre Bücher übernahm. Außerdem vergab das Institut allein in der Zeit von 1933 bis 1938 über fünfzig Stipendien, die sich zum Teil über mehrere Jahre erstreckten. So gehörte zu den im Bericht für 1939/40 unter research associates aufgeführten Mitarbeitern auch Ernst Bloch.

Obwohl die meisten Institutsmitglieder inzwischen die amerikani-

Campus der Columbia University, New York

sche Staatsbürgerschaft erworben hatten, wurde ihre Arbeit durch den
Ausbruch des Krieges erschwert. Nicht ohne Auswirkung mag auch
der Hitler-Stalin-Pakt gewesen sein. Immerhin kannten viele amerikanische Soziologen die marxistische Vergangenheit des Instituts, und
die gemeinsame Annexion Polens durch die UdSSR und Deutschland
wurde als Pakt zwischen Marxismus und Faschismus angesehen.
Schon 1937 hatte Horkheimer an Adorno nach London geschrieben:
*Anläßlich des Vortrags im Institute of Sociology bitte ich Sie äußerst
szientivisch zu reden und ja kein Wort zu sagen, das politisch ausgelegt
werden könnte. Auch Ausdrücke wie materialistisch sind unbedingt zu
vermeiden. Es darf jedenfalls nicht passieren, daß Ihr Vortrag ... die
Vorstellung erweckt, die Anwürfe gegen das Institut wegen seines
Materialismus seien etwa berechtigt.*[76] Hinzu kam ein Unverständnis
vieler allein auf empirische Forschung festgelegter US-Soziologen gegenüber der theoretischen Denkweise Horkheimers. Auch die Tatsache, daß die Zeitschrift jahrelang in deutscher Sprache erschienen war,
wurde dem Institut verübelt.

Haus Nr. 429

Mit Ausbruch des Krieges verschlechterte sich die finanzielle Lage
des Instituts. Das Stiftungsvermögen schrumpfte mehr und mehr
zusammen, so daß Horkheimer schließlich an eine Verkleinerung,
wenn nicht gar an eine völlige Aufgabe des Institutsbetriebs dachte.
Zahlreiche Mitarbeiter hatten inzwischen haupt- und nebenberufliche
Tätigkeiten für Regierungsstellen oder private Institutionen übernommen. Löwenthal arbeitete für das Radio Research Project, Franz L. Neumann für die Anti-Trust-Abteilung des US-Justizministeriums und
Marcuse als Gast-Dozent des Barnard College.

Im Jahre 1940 verließ Horkheimer New York. Maidon Horkheimer litt unter dem New Yorker Klima, und vielleicht hoffte er auch, in Kalifornien bessere Arbeitsbedingungen zu finden. Außerdem verhandelte er schon längere Zeit mit dem American Jewish Committee über den Plan einer umfangreichen Antisemitismus-Studie. 1941 folgte ihm Adorno nach Kalifornien. Marcuse ging als Sektionschef zum Office of Strategic Services (OSS), und Pollock wurde Berater des Justizministeriums.

Walter Benjamin

DIE KRITISCHE THEORIE 1940–1947

Horkheimers Emigration in die USA, seine Erfahrungen mit der amerikanischen Gesellschaft, der Zweite Weltkrieg und die beginnende
Skepsis gegenüber dem Stalinismus haben die Kritische Theorie
ebensosehr verändert wie die Periode enger geistiger Freundschaft und
Zusammenarbeit mit Theodor W. Adorno. Unter Adornos Einfluß rezi-
pierte Horkheimer die Transformation der Psychoanalyse in eine
Pathologie von Kultur und Gesellschaft als Teil der Kritischen Theorie,
und er verstand Kritische Theorie fortan als Philosophie einer
Geschichte und Gesellschaft, die unter dem Bann der in den Mythos
umschlagenden, totalitär gewordenen Aufklärung stehen. Kritisch-
negatives Denken verschmilzt also wieder mit der Philosophie, mit
einer Philosophie, die sich endgültig von dem entweder herrschaftli-

chen oder utopischen Anspruch befreit hat, Entwurf, wenn nicht sogar System des Guten zu sein: *Nicht das Gute, sondern das Schlechte ist Gegenstand der Theorie. Sie setzt die Reproduktion des Lebens in den je bestimmten Formen schon voraus. Ihr Element ist die Freiheit, ihr Thema die Unterdrückung. Wo Sprache apologetisch wird, ist sie schon korrumpiert, ihrem Wesen nach vermag sie weder neutral noch praktisch zu sein. – Kannst du nicht die guten Seiten darlegen und die Liebe als Prinzip verkünden anstatt der endlosen Bitterkeit! – Es gibt nur einen Ausdruck für die Wahrheit: den Gedanken, der das Unrecht verneint.*[77]

Zugleich mit diesem kritischen Konzept einer *Dialektik der Aufklärung*, die Horkheimer und Adorno 1947 in Amsterdam publizierten, entlarvte Horkheimer im Schlußsatz seines bedeutenden, aber vergessenen Aufsatzes *Autoritärer Staat* aus dem Jahre 1940 – er erschien in geringer Auflage 1942 in der hektographierten Benjamin-Gedächtnisschrift des Instituts für Sozialforschung – die Absurdität einer sich unter den Zwängen von Herrschaft und Unterdrückung vorwärtsbewegenden Geschichte: *Solang die Weltgeschichte ihren logischen Gang geht, erfüllt sie ihre menschliche Bestimmung nicht.*[78]

Ist aber das Schlechte der geschehenden und geschehenen Geschichte Gegenstand der Theorie, so muß sie ihre Distanz zum mythischen Bann bewahren, von dem die moderne Gesellschaft und deren Praxis geschlagen sind. Fortan entfernt sich Kritische Theorie von dem revolutionären Anspruch des marxistischen Denkens, unmittelbar Einheit von Theorie und Praxis wenn nicht zu sein, so doch herstellen zu wollen, fortan gilt für sie Horkheimers neue Distanz zur Praxis, die er 1947 in seinem Buch *Eclipse of Reason* [Verfinsterung der Vernunft] reflektiert: Nunmehr gilt es, *den grundlegenden Unterschied zwischen dem Idealen und dem Realen, zwischen Theorie und Praxis als Kern der dialektischen Theorie* zu erfassen. Deshalb schreibt Horkheimer auch: *Philosophie darf nicht in Propaganda verwandelt werden, nicht einmal für den bestmöglichen Zweck ... Philosophie ist nicht daran interessiert, Gebote zu erteilen. Die geistige Situation ist so verworren, daß selbst diese Aussage wiederum so gedeutet werden kann, als wolle sie den törichten Rat nahelegen, keinerlei Gebot zu gehorchen, selbst wenn es unser Leben zu retten vermöchte; sie darf in der Tat als ein Gebot ausgelegt werden, das gegen Gebote gerichtet ist. Wenn Philosophie etwas leisten soll, dann sollte ihre erste Aufgabe darin bestehen, sich über diese Situation zu erheben.*[79]

Die Kritische Theorie als Sozialphilosophie wird also in Erhebung über die Situation, in Distanz zur Gewalt der Politik wie zur Politik der Gewalt alle jene Tendenzen des Gesellschaftsprozesses erforschen, von denen sich die Spontaneität der Menschen und Menschengruppen

64

Hitler-Stalin-Pakt, August 1939

gefesselt weiß. Die Kritische Theorie wird daher auch zu bedenken
haben, aus welcher Konstellation heraus der Übergang in eine Praxis
der Befreiung und Versöhnung schon wieder als utopisch erscheinen
muß. Allerdings: In seinem Aufsatz *Autoritärer Staat* hält Horkheimer
noch mit dem Nachdruck bewußter Verzweiflung am politischen
Voluntarismus, am Glauben an die revolutionäre Spontaneität der
Massen fest – obschon er im gleichen Aufsatz immer wieder die diese
Spontaneität hemmenden sozialen Mechanismen, ja sogar den Übergang des Stalinismus, des *integralen Etatismus*, in die Phase des büro-
kratisch verordneten Terrors beschreibt.

Reflektiert Horkheimer hier die absolute Autorität des weiterhin die
Gesellschaft unterdrückenden Staates, so entwickelt er wenige Jahre
später – zusammen mit Adorno – eine neue Theorie der Aufklärung:

Die Aufklärung selbst ist ihre eigene absolute Negation, sie ist nicht linearer Positivismus des Fortschritts, sondern der Weg in neue gesellschaftliche Barbarei, in das von ihr selbst produzierte Zwangskollektiv der Verwalteten Welt. Auch in *Eclipse* geht es um die Versteinerung der Gesellschaft, um Positivismus und Pragmatismus als Ideologien der neuen Welt, nicht nur Amerikas, sondern der bürokratisierten Industriegesellschaft überhaupt, welche die autonome Vernunft – das summum bonum der Aufklärung – pragmatisch rationalisieren und auf das abstrakte Zweck–Mittel-Verhältnis zurückbringen.

1938 nannte Horkheimer unter dem Eindruck der politischen Erfolge Hitlers den Nationalsozialismus *das geschliffenste politische System der Gegenwart* [80]. Er verstand darunter dessen voluntaristische Rücksichtslosigkeit, die sich, sobald politische Zweckmäßigkeit es anders wollte, nicht die Spur um die eigenen ideologischen Vorstellungen bekümmerte; er meinte also keineswegs eine angebliche Stringenz der Theorie: *Der Nationalsozialismus kann es sich gestatten, in der idealistischen Philosophie ein Stümper zu sein, weil er in der kapitalistischen Realität ein Meister ist.* [81]

Von dieser Beherrschung der politischen Taktik und Propaganda wie der ihm auferlegten, aber auch von ihm selbst manipulierten ökonomischen Konstellation, die den Faschismus charakterisieren, geht der junge Horkheimer bei seiner Beurteilung aus. In der gleichen Rezension eines Buches von Siegfried Marck betont er: *Der autoritäre Staat charakterisiert den Abschnitt der europäischen Gesellschaft, der den Liberalismus ablöst. Er bedeutet Unterdrückung auf höherer Stufe. Die Aufgabe, die von den Produktionsmitteln getrennten Massen zu beherrschen und das Volk für den Kampf auf dem Weltmarkt zu ertüchtigen . . . hat sich aus dem Liberalismus ergeben. Weil sie mit der Trennung der Gewalten, mit der Parlamentsregierung nicht mehr zu lösen war, hat die Bourgeoisie, das heißt ihr . . . ökonomisch mächtigster Kern wohl oder übel zum Faschismus gegriffen.* [82]

Schon hier läßt Horkheimer auch seine im Aufsatz *Autoritärer Staat* offen ausgesprochene Sympathie für die Rätedemokratie erkennen, denn er beschuldigt die sozialistischen Regierungen der Weimarer Republik, *essentiell ohnmächtig* gewesen zu sein, Theorie insgeheim für eine Schrulle gehalten und – trotzdem? – Freiheit zur politischen Philosophie anstatt zur politischen Praxis gemacht zu haben: *Anstatt zur Basis vorzudringen, blieben sie lieber auf dem schwankenden Boden der Tatsachen stehen.* [83] Statt die Basis zu demokratisieren und die Freiheit der Räte zu verwirklichen, hat die Regierung der Mehrheitssozialisten nach der Niederlage des Kaiserreiches pragmatisch das Bündnis mit der alten Armee gesucht. Das aber bedeutete nach Ansicht des jungen Horkheimer: *Noch das äußerste Entsetzen heute hat seinen*

Maidon

Usprung nicht 1933, sondern 1919 in der Erschießung von Arbeitern und Intellektuellen durch die feudalen Helfershelfer der ersten Republik.[84]

Freilich hält Horkheimer die völkische Mystik des Faschismus für skeptischen Nihilismus, und er begründet dessen zeitweilige Überlegenheit über die liberalen Westmächte, die Überlegenheit dieser *zynischen und begeisterten Skepsis* aus der Tatsache, daß *die Religion der Macht und ein brutaler Realismus besser zum Aufrechterhalten der sozialen Hierarchie als das Christentum*[85] passe. Zugleich aber verurteilt er – immer schärfer bis ins Alter hinein – die Vergötzung des Volkes und der Nation, weil damit das Interesse an einer vernünftigen Gesellschaft und jeder kritische Gedanke zerstört werden: *Indem der Faschismus unter dem Titel der «Nation» und «Volksgemeinschaft» einige formelle Erinnerungen an den Feudalismus, äußere Zeichen von Standesvorrechten, religiöser Erziehung und den Rest von Kindlichkeit und Faulheit abschafft, ja, einige Gruppen der Masse durch materielle Vorteile korrumpiert, um desto brutaler die ökonomische Ungleichheit zu verschärfen; indem er ferner das Ganze für die Zwecke der herrschenden Gruppen militärisch organisiert und damit das Leben*

67

der Gemeinschaft «total» unter den Profitwillen der wenigen zwingt, verliert das Denken seinen Charakter.[86]

Dieses charakterlose Denken offenbart Horkheimer in einem Vergleich der Skepsis Montaignes mit den skeptisch-nihilistischen Faschismus-Mitläufern unter den Liberalen. Den Gehorsam gegen die modernen Diktaturen, denen sich diese Skeptiker anbequemen, nennt er die Gefolgschaft in die Barbarei, und er fährt fort: Die Neutralität im Kampf gegen die Führer und Bürokratien, das Sich-Abfinden mit den Verhältnissen des autoritären Staats im 20. Jahrhundert heißt an der totalen Mobilmachung teilnehmen... Das Bündnis zwischen der Bourgeoisie und den faschistischen Organisationen entspringt der Angst vor dem Proletariat. Aus der skeptischen Toleranz (Montaignes) gegen die Freiheit des Gewissens wird der Konformismus mit dem Regime der Geheimpolizei.[87]

Den Neutralismus des Mitläufertums, das sich mit allem abfindet, verurteilt Horkheimer eben dadurch, daß er den Faschismus als Gegenbild der von der Philosophie ersehnten Versöhnung entlarvt, als satanische Synthese von Vernunft und Natur[88]: Im modernen Faschismus hat die Rationalität eine Stufe erreicht, auf der sie sich nicht mehr begnügt, die Natur zu unterdrücken; die Rationalität beutet jetzt die Natur aus, indem sie ihrem eigenen System die rebellischen Potentialitäten der Natur einverleibt. Die Nazis manipulierten die unterdrückten Wünsche des deutschen Volkes.[89]

Im Nationalsozialismus, den Heidegger 1935 als «Begegnung der planetarisch bestimmten Technik und des neuzeitlichen Menschen»[90] beschrieben hat, entdeckt auch Horkheimer die elementare Beziehung zur Technischen Welt, aber er sieht sie negativ-kritisch, nicht als Affirmation «innerer Wahrheit und Größe»[91]. Der autoritäre Staat des Faschismus ist für Horkheimer ein Kulminationspunkt des in remythisierte Barbarei umschlagenden Rationalismus der Industriegesellschaft, weil er die Natur in jedem einzelnen wie in den rückständigen und benachteiligten Mittelklassen zur Revolte ermutigt und zugleich brutal unterdrückt: Als der Lakai eben der mechanisierten Zivilisation, die abzulehnen es (das Nazi-Regime) beteuerte, übernahm es die repressiven Maßnahmen, die dieser innewohnen.[92] Das aber bedeutet: Die liberalistische Apotheose des Subjekts, die seit Spinoza gelehrte Moral der reinen Selbsterhaltung, die zur Dominante der bürgerlichen Gesellschaft geworden ist, schlägt in die absolute Negation des Individuums um: Die Individualität zerbrach unter der Einwirkung des Nazi-Systems, das etwas hervorbrachte, was dem atomisierten, anarchischen Menschen nahekommt — was Spengler einmal den «neuen rohen Menschen» nannte.[93]

Die angebliche Entfesselung der Spontaneität, die Befreiung der

Reichsparteitag der NSDAP, Nürnberg, September 1936

Natur, verwandelte sich im faschistischen Rationalismus der Herrschaft in die Lossprechung der Gewalt im Dienste der Regierungstechnik — kanalisiert und programmiert, aber, wenn nötig, selbst wieder brutal unterdrückt. Das, was Horkheimer die Instrumentalisierung und Formalisierung der Vernunft nennt, erreicht also im Faschismus eine neue Qualität: die Perfektion des Grauens in der «Banalität des Bösen» (Hannah Arendt), die Transformation des Mörders in den Bürokraten und des Bürokraten in den Mörder — die satanische Synthese von Vernunft und Natur.

Diese Zerstörung des Menschen, seine Verwandlung in ein mechanisches Reaktionszentrum, das keine seelischen Motivationsketten, keine spontanen Entschlüsse oder reflektierten Entscheidungen mehr kennt, sondern automatisch, wie es eben kommt, Ereignisse hinnimmt, Befehle ausführt, Vorgänge bearbeitet, Menschen organisiert und auf verordnete Ordnung schwört, ließ Horkheimer schon 1940 schreiben: *Damit die Menschen einmal solidarisch ihre Angelegenheiten regeln, müssen sie sich weit weniger verändern, als sie vom Faschismus geändert wurden. Es wird sich zeigen, daß die bornierten und verschlagenen Wesen, die heute auf menschliche Namen hören, bloße Fratzen sind, bösartige Charaktermasken, hinter denen eine bessere Möglichkeit verkommt. Sie zu durchdringen, muß die Vorstellung eine Kraft besitzen, die ihr freilich der Faschismus entzogen hat.*[94]

Handelt es sich hier nur um den Faschismus, verkörpert er allein den autoritären Staat? Horkheimer sah in der historisch bedingten Loslösung der Gesellschaft vom Liberalismus einen universalen Vorgang. Die Verwandlung der Bourgeoisie hatte die Bürokratien als deren Restbestand intakt gelassen: nicht nur die des Staates, nicht nur die der Wirtschaft, sondern auch die der Gewerkschaften und Parteien der Arbeiterklasse. Der bürokratische Konzentrationsprozeß des herrschaftlichen Managements spiegelt sich ebensosehr in den Rationalisierungsprozessen, welche die totale Verwaltung der Arbeiterschaft etablieren: *Die großen Organisationen förderten eine Idee der Vergesellschaftung, die von der Verstaatlichung, Nationalisierung, Sozialisierung im Staatskapitalismus* (im faschistischen Dirigismus) *kaum verschieden war ... Wenn überhaupt die Phantasie sich vom Boden der Tatsachen entfernte, setzte sie an Stelle der vorhandenen staatlichen Apparatur die Bürokratien von Partei und Gewerkschaft, an Stelle des Profitprinzips die Jahrespläne der Funktionäre. Noch die Utopie war von Maßregeln ausgefüllt. Die Menschen wurden als Objekte vorgestellt, gegebenenfalls als ihre eigenen.*[95]

Was also war mit der proletarischen Revolution geschehen, die in einem Lande gesiegt hatte und in den noch nicht befreiten Ländern mit Hilfe der radikalen Arbeiterparteien verwirklicht werden sollte? Auch die Revolution, erkennt Horkheimer, hat bislang nicht die Freiheit, sondern höchstens eine bessere Regierungstechnik erbracht: die der bedingungslos Gehorsam fordernden und Gehorsam herstellenden Autorität. Den radikalen linken wie rechten Parteien der bürgerlichen Ära war diese Richtung auf den autoritären Staat seit je vorgezeichnet, nachdem sich erwiesen hatte, daß auch die große Französische Revolution *der Tendenz nach totalitär* gewesen war. Schon Robespierres Volksgemeinschaft, bemerkt Horkheimer, *durchsetzte alle Lebensformen mit Brüderlichkeit und Denunziation*[96]. So nennt denn Horkheimer den Staat der Oktober-Revolution, die Sowjet-Union, *die konsequenteste Art des autoritären Staates, der aus jeder Abhängigkeit vom privaten Kapital sich befreit hat*: Er ist *der integrale Etatismus oder Staatssozialismus*[97]. Dieser Etatismus bedeutet eine Steigerung der Kräfte; Horkheimer meint auch, er könne ohne Rassenhaß existieren. Zugleich aber funktioniert die verstaatlichte Gesellschaft wie ein einziger, gigantischer Betrieb, gelenkt von einer bürokratischen Maschine, *für deren Kompetenzen die Polizei das Leben bis in die letzten Zellen durchdringt*[98].

Dieser Maximalismus der Autorität hat Wunder verrichtet, aber er verhindert die freie Entwicklung der Gesellschaft, er beruft sich auf schlechte Ernten, Wohnungsnot, mangelnde Produktivität und den internationalen Klassenfeind, um die *Regierung der Geheimpolizei*, um die *Herrschaft der gerissensten Parteitaktiker* zu perpetuieren. Verzweifelt notiert Horkheimer: *Solange die Avantgarde ohne periodische Säuberungsaktionen zu handeln vermag, lebt mit ihr die Hoffnung auf den klassenlosen Zustand.*[99] Aber die Prozesse gegen alte Revolutionäre sind eine Realität, die Herrschaft Stalins vermag nur Horkheimers Einsicht zu bestätigen, daß der autoritäre Staat in allen seinen Varianten repressiv ist. Trotzdem hält er am Glauben an das Gelingen der Revolution, an die Selbstbefreiung der Menschen fest, ja, er klammert sich an die Hoffnung, daß der Terrorismus selbst anzeigt, *daß die Rationalität der Herrschaft schon im Schwinden begriffen ist*[100]. Ebenso liest Horkheimer — in der weitaus pessimistischer urteilenden *Dialektik der Aufklärung* — aus der Verstümmelung des Menschen, aus seiner Reduktion auf ein Reaktionszentrum, die ihn für jede autoritäre Machttechnik hantierbar macht, zugleich ab, daß eben dieser Mensch als auf alles ansprechende Charaktermaske, als Persona, die zum Hindurchtöner, zum Lautsprecher jeder beliebigen Botschaft geworden ist, schon auf die künftige *Emanzipation vom zentralen Kommando*[101] verweist: *So unmittelbar ist die Verwirklichung schon heute spruchreif, daß man nicht mehr (direkt von ihr) sprechen kann.*[102]

Diese verzweifelte Hoffnung, diese bewußt genährten Illusionen

von einer radikalen Wendung der Dinge — *bei aller Notwendigkeit von Übergang, Diktatur, Terrorismus, Arbeit, Opfer hängt das Andere einzig noch vom Willen der Menschen ab* [103] — hindern Horkheimer jedoch nicht daran, eine Analyse zu geben, die zugleich auch eine zukünftige Welt-Ära autoritärer Staaten keineswegs ausschließt. Mit erstaunlicher Klarheit wiederum hat Horkheimer schon 1940 die Konstellation einer Welt der Blöcke, der Konkurrenz und Koexistenz vorausgesehen: *Auf den Bedingungen des gesellschaftlichen Reichtums beruht nicht bloß die Chance der Zertrümmerung, sondern ebensosehr des Fortbestandes der Sklaverei. Der objektive Geist ist jeweils das Produkt der Anpassung der Macht an ihre Existenzbedingungen . . . Das Weltkartell ist unmöglich, es schlüge sogleich in die Freiheit um. Die paar großen Monopole, die bei gleichen Fabrikationsmethoden und Erzeugnissen ihre Konkurrenz aufrechterhalten, geben das Modell künftiger außenpolitischer Konstellationen ab. Zwei freundlich-feindliche Staatenblöcke wechselnder Zusammensetzung könnten die ganze Welt beherrschen, ihrer Gefolgschaft auf Kosten der halbkolonialen und kolonialen Massen neben dem Fascio auch bessere Rationen bieten und in ihrer gegenseitigen Bedrohung immer neue Gründe zum Fortgang der Aufrüstung finden.*[104]

Freilich: Das Rutenbündel der Faschisten ist durch andere Symbole ersetzt worden, aber der Fortschritt der jeweils für sich Autorität heischenden Staatenblöcke in die Aufklärung zerstörende Perfektion der Verwalteten Welt ist geblieben. *Wenn die Menschen einmal nicht mehr marschieren*, lautet einer der bemerkenswertesten Sätze Horkheimers, *dann werden sie auch ihre Träume verwirklichen.*[105]

Noch aber ist die Möglichkeit der Änderung für die Kritische Theorie nicht zum Traum, zum Gegenstand einer fast für unerfüllbar gehaltenen politischen Sehnsucht geworden, noch gilt für sie der Satz: *Die Möglichkeit heute ist nicht geringer als die Verzweiflung.*[106] Noch hält Horkheimer gegen Bebel daran fest, daß Revolution eben nicht sich auf bloße Evolution, auf das Zusehen und Abwarten beschränken kann, bis die günstige Konstellation der Produktionsverhältnisse die Gesellschaft zu jenen Geburtshelferdiensten antreibt, die den Übergang zur sozialistischen Gesellschaftsformation bedeuten. So urteilt Horkheimer gegen den gleichsam auf parlamentarischen Revisionismus fixierten Bebel: *Die Lehre vom Geburtshelferdienst bringt die Revolution auf bloßen Fortschritt herunter.*[107]

Demgegenüber bekennt sich Horkheimer hier noch einmal zur — ebenso klassischen wie revolutionären — Einheit von Theorie und Praxis, die Wahrheit nicht wie im Dogmatismus als theoretischen Besitz, sondern als utopischen Horizont der Praxis ansieht und daher die Geschichte ständig mit der Möglichkeit konfrontiert, *die stets konkret in ihr sichtbar wird*[108].

Die Kritische Theorie ist also noch die Möglichkeit der Möglichkeit: Sie kann jederzeit mit einem konkreten Existenzialurteil über die Gesellschaft auf die ihr inhärente Möglichkeit des Sprungs, des Umschlags zum Neuen, auf die soziale Umwälzung verweisen. Horkheimers dialektischer Begriff der Revolution, der sozialen Umwälzung impliziert 1940 ebensowohl den bloßen Fortschritt der Produktivkräfte, deren Planung, die sich weiter ausdehnende Vergesellschaftung der Produktionsmittel und die ins Ungemessene zunehmende Beherrschung der Natur wie das nur durch menschliche Spontaneität, das bewußte Wirken freier Menschen zu erreichende Ende der Ausbeutung.

Horkheimer macht hier auf etwas aufmerksam, das erst sehr viel später ernsthafter Diskussion für würdig gehalten wurde: Die permanente Steigerung der Produktivitätsrate, der ökonomische Fortschritt, befreit die Menschen nicht, sondern überantwortet sie neuen Zwängen, die aus einer immer rücksichtsloser ausgebeuteten Natur auf sie zurückwirken. Der technologische Fortschritt müßte also fortan nicht immer weiter beschleunigt, sondern eher verlangsamt, wenn nicht auf bestimmten Sektoren und in bestimmten Regionen gestoppt werden.

Schon 1940 formulierte Horkheimer dieses Problem auch im Blick auf den Sozialismus: *Solches Ende* (der Ausbeutung) *ist keine Beschleunigung des Fortschritts mehr, sondern der Sprung aus dem Fortschritt heraus ... Er* (Engels) *hat nicht daran geglaubt, daß die unbegrenzte Steigerung der materiellen Produktion die Voraussetzung einer menschlichen Gesellschaft und die klassenlose Demokratie erst dann erreichbar sei, wenn die ganze Erde vollends mit Radios und Traktoren bevölkert ist. Die Praxis hat die Theorie zwar nicht widerlegt, aber interpretiert. Eingeschlafen sind die Feinde der Staatsgewalt, nur nicht von selbst. Mit jedem Stück erfüllter Planung sollte ursprünglich ein Stück Repression überflüssig werden. Statt dessen hat sich in der Kontrolle der Pläne immer mehr Repression auskristallisiert. Ob die Produktionssteigerung den Sozialismus verwirklicht oder liquidiert, kann nicht abstrakt entschieden werden.*[109]

Die gleichsam automatische Selbstbewegung der bürgerlichen Ökonomie — deren Bewegungsgesetz, das Proprium bürgerlicher Gesellschaft, von Horkheimer als die universale Ausbeutung bestimmt wird, in der sich die Identität von Ideal und Wirklichkeit ausspricht — wird zwar von der hier völlig mit Marx konformen Kritischen Theorie identifiziert. Ist jedoch einmal der Übergang zur Freiheit erreicht, so reißt für Horkheimer diese der Theorie erreichbare Selbstbewegung, der «spontane» Selbstlauf von Geschichte und Produktion ab. Daraus ergeben sich zwei Folgerungen: *Man kann nicht bestimmen, was eine freie Gesellschaft tun oder lassen wird*[110] — die Freiheit kann nicht Gegenstand Kritischer Theorie sein. Und außerdem: Wird das Ende der Ausbeutung als Sprung aus dem Fortschritt heraus definiert, wird die Steigerung der Produktion durch sozialistische Planung mit der Zunahme von Repression identifiziert, dann ist Freiheit auch im bereits bestehenden Sozialismus noch nicht erreicht. Dann aber kann Kritische Theorie auch den bereits bestehenden Sozialismus kritisieren, und sie muß es tun, denn: *Theorie erklärt wesentlich den Gang des Verhängnisses.*[111] Das aber bedeutet: *Die Menschen sind heute nicht nur fähiger zur Freiheit, sondern auch unfähiger. Nicht bloß die Freiheit, auch künftige Formen der Unterdrückung sind möglich. Sie lassen theoretisch sich berechnen als Rückfall oder auch als neue ingeniöse Apparatur.*[112]

Die Befürchtung Horkheimers gilt zwar unmittelbar dem Herrschaftsapparat des faschistischen Staatskapitalismus. Zugleich aber irritiert ihn der auch im Sozialismus immer weiter an Autorität zunehmende Staatsapparat derart, daß er die Verwaltung auch in einer denkbaren freien, also klassenlosen Demokratie für imstande hält, in neue Herrschaft und Repression umzuschlagen: *Wenn ehemals die Bourgeoisie ihre Regierungen durch das Eigentum bei der Stange hielt, wird in einer neuen Gesellschaft die Verwaltung nur durch unnachgiebige Selbständigkeit der Nichtdelegierten davon abzuhalten sein, in Herrschaft umzuschlagen.*[113]

Die revolutionäre Bewegung spiegelt also, wie Horkheimer selbst sagt, den Zustand negativ wider, den sie angreift: Hoffnung auf Änderung und Resignation halten sich in der Kritischen Theorie noch die Waage. Ganz anders hingegen in *Eclipse of Reason*, das 1947 in New York erscheint und auf Vorlesungen an der Columbia University im Frühjahr 1944 beruht. Die entscheidende Wende zeichnet sich ab: Kern der dialektischen, der Kritischen Theorie ist fortan nicht mehr der in der Praxis einzulösende Gedanke, die praktische Verwirklichung des philosophischen Idealismus und der progressiven Intentionen auch der Religion, sondern die Radikalität der Theorie selbst und allein, einer Theorie, der es obliegt, kritisch-negativ *die Denunziation dessen, was gegenwärtig Vernunft heißt*[114], als größten Dienst der Vernunft selbst zu leisten. Kritik der Gesellschaft ist damit zugleich Selbstkritik der Philosophie: Kritische Theorie muß ebenso dem Versuch des Idealismus abschwören, scheinbar absolutes Wissen und Versöhnung zu identifizieren, wie sie gehalten ist, sich darüber klarzuwerden, daß der Fortschritt zur Utopie nicht mehr allein von der Spontaneität unruhiger, unzufriedener, auf Änderung drängender und zugleich namenlos ohnmächtiger Massen geleistet werden kann. *Heute wird der Fortschritt zur Utopie in erster Linie durch das völlige Mißverhältnis zwischen dem Gewicht der überwältigenden Maschinerie der gesellschaftlichen Macht und dem der atomisierten Massen gehemmt. Alles andere — die weitverbreitete Heuchelei, der Glaube an falsche Theorien, die Mutlosigkeit des spekulativen Denkens, die Schwächung des Willens oder seine vorzeitige Ablenkung auf endlose Tätigkeiten unter dem Druck der Angst — ist ein Symptom dieses Mißverhältnisses.*[115]

Ist aber kritisch-philosophische Theorie Erhebung über die Situation, dann muß sie auch darauf verzichten, programmatisch zu wirken: *Die konzentrierten Energien, die zur Reflexion notwendig sind, dürfen nicht vorzeitig in die Kanäle aktivistischer oder nichtaktivistischer Programme abgeleitet werden.*[116] Die Theorie selbst ist von der Ohnmacht ergriffen, welche die Macht der Apparate über die Massen verhängt hat. Sie allein kann nicht bewirken, daß die Welt immer barbarischer wird oder auch, daß sie zum Humanismus zurückkehrt. Was ihr bleibt, ist, schonungslos das schlechte Bestehende auszusprechen und doch zugleich die Bilder und Ideen, die einst die Vergangenheit beherrscht haben, nicht schonungslos als Dummheit oder Betrug zu verdammen. Soziologie und Psychologie, meint Horkheimer, könnten der Theorie Kriterien liefern, die Vergangenheit wirklich zu verstehen. Erst damit kann philosophische Theorie als *Eingedenken und Gewissen der Menschheit* wirken und den Weg der Menschheit davor bewahren, *der Runde des Anstaltsinsassen während seiner Erholungsstunde ähnlich zu werden*[117].

Kritisch-negative Theorie wird damit zu einer Therapie, die dem Menschen den objektiven Umschlag der *Aufklärung in den Wahnsinn*[118] als Proprium einer paranoisch in sich rotierenden Gesellschaft ebenso vor Augen stellt, wie sie ihn davor bewahrt, Haß, Unsicherheit und Aggression, zu denen ihn die Gesellschaft treibt, als radikale Absage an Geschichte und Tradition falsch zu rationalisieren. So erbarmungslos die Kritische Theorie die leere Affirmation des Bestehenden und alle Idealisationen des Denkens zerstören muß, so gerecht darf sie die großen Ideen der Vergangenheit würdigen, mit eben der Gerechtigkeit, die den kritisch-atheistischen Marxisten Ernst Bloch über die Scholastik schreiben ließ: «Die Zeiten der Geringschätzung der europäischen Scholastik sind längst vorüber, und leben sie trotzdem hier und dort fort, so sind sie völlig dumm geworden.»[119]

Die Therapie der Kritischen Theorie besteht also darin, die Krankheit der Vernunft zu identifizieren, und mit der Radikalität des jungen Rousseau führt sie der Horkheimer der *Eclipse* auf das rechnende Denken des ersten Menschen zurück, der die Welt bereits als seine eigene Beute kalkuliert hat. Wird aber die außermenschliche Natur — und dadurch auch die menschliche — zum bloßen Objekt der Beherrschung, so mißrät Vernunft zum bloßen Instrument der Beherrschung, und ihre Intention auf Wahrheit, der Sinn des denkenden Erkennens, mißlingt — was die Geschichte erweist: *Vernunft kann ihre Vernünftigkeit nur durch Reflexion auf die Krankheit der Welt verwirklichen, wie sie durch den Menschen produziert und reproduziert wird; in solcher Selbstkritik wird Vernunft zugleich sich selbst treu bleiben, indem sie am Prinzip der Wahrheit festhält, das wir allein der Vernunft verdanken, und sich an kein sonstiges Motiv wendet. Die Unterjochung der Natur wird in Unterjochung des Menschen umschlagen und umgekehrt, solange der Mensch seine eigene Vernunft und den grundlegenden Prozeß nicht versteht, durch den er den Antagonismus geschaffen hat und aufrechterhält, der sich anschickt, ihn zu vernichten. Vernunft kann nur dadurch mehr sein als Natur, daß sie sich ihre «Natürlichkeit» — die in ihrer Tendenz zur Herrschaft besteht — konkret bewußt macht, die nämliche Tendenz, die sie paradoxerweise der Natur ent-*

ECLIPSE OF REASON

MAX HORKHEIMER

fremdet. Damit wird sie, indem sie ein Instrument der Versöhnung ist, zugleich mehr sein als ein Instrument.[120]

Vernunft als Werkzeug der Versöhnung: Kritische Theorie kann Versöhnung weder idealistisch als gegeben hinstellen noch materialistisch – und also praktisch-revolutionär – herstellen. Was ihr bleibt, ist die ebenso unverrückbare wie negative Intention auf Wahrheit; die Entlarvung des Unwahren, die produktive Desillusionierung des Menschen. Sie reflektiert das Leiden, sie bewahrt als Eingedenken und Gewissen der Menschheit Angst, Qual und Vergänglichkeit der Kreatur. Wie einst Adam will sie die Dinge beim Namen nennen, aber nicht in isolierten Worten und Sätzen, *sondern in der fortgesetzten theoretischen Bemühung, die philosophische Wahrheit zu entwickeln*[121]. In dieser Bemühung kombinieren sich für den Horkheimer der *Eclipse* zwei Methoden der Negation: die Entlarvung der Idole des Endlichen wie die Reduktion der als absolut aufgefaßten großen Ideen auf die relative Wahrheit von Epoche und Gesellschaft. Kritische Theorie konfrontiert Idee und Realität, um beide immer wieder zu vergleichen und selbst über diese jeweils vorläufige Konstellation der Geschichte hinauszugehen. Sie ist jedoch nicht absolute Negation, radikaler Skeptizismus oder Nihilismus, der Idee wie Realität verwirft oder die Idee als Vorurteil oder als Projektion denunziert. So *ist das wichtigste Geschäft der Philosophie*[128] die Konstruktion der Wahrheit aus Fragmenten, aus den Spuren, die Begriffe in der Geschichte hinterlassen haben und die auf eine alles umfassende Wahrheit verweisen – ohne sie preiszugeben. Damit versagt sich Horkheimer der Versuchung seiner jungen Jahre, von Engels oder von Schopenhauer her Kritische Theorie der Gesellschaft in die radikale, also negativ-dogmatische Skepsis eines – naturphilosophisch oder metaphysisch konstruierten – in sich geschlossenen paradox-positiven Nihilismus zu verwandeln. Zwar versteht Horkheimer auch in der *Dialektik der Aufklärung* als Korrelat der Kritischen Theorie die Geschichte als Grauen (*Weil Geschichte als Korrelat einheitlicher Theorie, als Konstruierbares nicht das Gute, sondern eben das Grauen ist, so ist Denken in Wahrheit ein negatives Element*[123]) – aber eben diese Geschichte als Grauen ist nicht konstruierbar als geschlossener Weltlauf, als idealistisch-pessimistisches System, sondern sie erweist in der kritischen Negativität des Denkens das ganz Andere einer Wahrheit, die sich dem Begriff entzieht und aus den Fragmenten der Begriffe nur als die Positivität des Leidens und des Todes oder als der von den Menschen idolisierte Widerschein ihrer eigenen Anmaßung spricht: *Die Anrufung der Sonne ist Götzendienst. Im Blick auf den in ihrer Glut verdorrten Baum erst lebt die Ahnung von der Majestät des Tags, der die Welt, die er bescheint, nicht zugleich versengen muß.*[124]

Dieser latente, eher von Adorno als von Horkheimer herrührende Messianismus einer Wahrheit, die sich jeglicher menschlicher Anstrengung verweigert und erst in der Majestät des Erlösungstages offenbart, wird um so stringenter, je weiter Kritische Theorie im Urteil über das bestehende Schlechte zu universalen Folgerungen gelangt. Die Selbstentlarvung der Aufklärung, ihr dialektischer Umschlag vom Kampf um Rechte und Freiheiten des Menschen zur technologischen Perfektionierung sämtlicher bestehender Herrschaftsstrukturen, verweist ebensowohl die Hoffnung auf ein Reich der Freiheit in das Reich der Utopie, wie sie die Menschen aus Individuen in Angestellte aller bestellbaren technischen Bestände verwandelt. Der Zerfall des Menschen, der nichts mehr aus sich selber tut, sondern zum Abziehbild seiner Kollektive, Massenmedien und Sozialneurosen wird, der universale Betrieb einer Selbsterhaltung, die nicht Erlösung des einzelnen, sondern Permanenz der Strukturen bedeutet, die Instrumentalisierung von allem und jedem auf den schlechten Schein dieser selbst das Leiden perfektionierenden Selbsterhaltung hin bilden daher zentrale Themen für *Eclipse* und *Dialektik der Aufklärung*.

Aufklärung, so stellen Horkheimer und Adorno bündig fest, *hatte als bürgerliche längst vor Turgot und d'Alembert sich an ihr positivistisches Moment verloren. Sie war vor der Verwechslung der Freiheit mit dem Betrieb der Selbsterhaltung nie gefeit. Die Suspension des Begriffs, gleichviel ob sie im Namen des Fortschritts oder der Kultur erfolgte, die sich insgeheim schon lange gegen die Wahrheit verständigt hatten, gab der Lüge das Feld frei. Diese war in einer Welt, die nur Protokollsätze verifizierte und den zur Leistung großer Denker entwürdigten Gedanken als eine Art verjährter Schlagzeile aufbewahrte, von der zum Kulturgut neutralisierten Wahrheit nicht mehr zu unterscheiden.*[125] Aufklärung, die im Namen der Wahrheit gegen Religion und Metaphysik aufstand, entmythologisierte radikal die Spuren der Wahrheit nicht nur in den Symbolen und Bildern des Glaubens, sondern auch in den Ideen und Begriffen des denkenden Erkennens. Im Namen der Erfahrung wurde die Erfahrung der Namen, aus denen sich erst eigene Identität in der Differenz zum Anderen hergestellt hatte, nicht nur liquidiert, sondern als unreife Phantasiewelt vergangener Menschheitsinfantilität verfemt. Die Verdinglichung der Kultur geriet zum Kultus der Verdinglichung, der Gedanke an die Wahrheit zum wahrhaften, also nur noch biographisch-existentiell verstehbaren, auf das Subjekt nivellierten und zum Kulturgut verkommenen Gedanken. Wissenschaft, die einst im Mündigwerden der Menschheit ihr erkenntnisleitendes Interesse gesehen und den Mut, sich des eigenen Verstandes zu bedienen, als Wahlspruch philosophischer Aufklärung gerühmt hatte, begnügte sich mit Protokollsätzen, mit von ihr selbst für sinnlos erklärten logischen Tautologien oder mit methodischem Erraten, ohne je mehr Wahres oder sogar Wahrscheinliches erreichen zu wollen.

Auch dem Sozialismus schrieben die kritischen Marxisten Horkheimer und Adorno seinen Anteil am allgemeinen Verblendungszusammenhang einer Gesellschaft zu, die sich zwar in moderner Wissenschaftstheorie der Behauptung des allgemeinen Naturzusammenhangs mechanischer Notwendigkeit entschlägt, ihn aber als Notwendigkeit des sozial Gegebenen und Bestehenden aufrechterhält. Auch der Sozialismus spricht von Notwendigkeit in ewigen, ehernen Gesetzen der Natur, und sogar das menschliche Reich der Freiheit wird bei Marx von einem weiter fortbestehenden Reich ökonomischer Notwendigkeit kontrapunktiert. *So*, meinen jedoch Horkheimer und Adorno, *bliebe das Verhältnis der Notwendigkeit zum Reich der Freiheit bloß quantitativ, mechanisch, und Natur, als ganz fremd gesetzt, wie in der ersten Mythologie, würde totalitär und absorbierte die Freiheit samt dem Sozialismus.*[126] Unversöhnte Natur, im Menschen und außerhalb seiner, beherrscht ihrerseits den Menschen, sie ist das Modell jenes falschen Zwangs, dem der Mensch auch historisch noch immer sich beugt. Was er faktisch nennt, ist in Wahrheit die ihn jeweils beherrschende Macht, sei es die undurchschaute Natur oder der als unabdingbar verkannte geschichtliche Zwang: *Heute, da Bacons Utopie, daß wir «der Natur in der Praxis gebieten», in tellurischem Maßstab sich erfüllt hat, wird das Wesen des Zwanges offenbar, den er der unbeherrschten zuschrieb. Es war Herrschaft selbst.*[127] Das Ideal der Technischen Welt, die Abschaffung der Natur als radikale Herrschaft über sie, schlägt auf den Menschen zurück: Die universale Ausbeutung als *Identität von Ideal und Wirklichkeit*[128] kann in der als notwendig und ewig statuierten Ausbeutung der Natur nur die Natur der Ausbeutung, *das falsche Absolute, das Prinzip der blinden Herrschaft*[129] festhalten und in die Herrschaftstechnologie aller bestehenden Gesellschaftsformen hinein fortsetzen.

Aufklärung selbst, die als Herrschaft der Technologie jene Technologie der Herrschaft nur noch radikalisiert, die sich der Vernunft verweigert und allein schon die Idee von Wahrheit hohnspricht, hat damit die Möglichkeit der Befreiung eliminiert. *Mit der Preisgabe des Denkens, das in seiner verdinglichten Gestalt als Mathematik, Maschine, Organisation an den seiner vergessenden Menschen sich rächt, hat Aufklärung ihrer eigenen Verwirklichung entsagt. Indem sie alles Einzelne in Zucht nahm, ließ sie dem unbegriffenen Ganzen die Freiheit, als Herrschaft über die Dinge auf Sein und Bewußtsein der Menschen zurückzuschlagen ... Der mythische wissenschaftliche Respekt der Völker vor dem Gegebenen, das sie doch immerzu schaffen, wird schließlich selbst zur positiven Tatsache, zur Zwingburg, der gegen-*

Vom Geld ist die Rede, von wem noch?

Ja, was soll ich denn . . .

. . . mit dem vielen Geld anfangen? fragte der 27jährige seinen Chef, der ihm das Gehalt von 3500 auf 4500 Franken im Jahr erhöht hatte. Eine seltsame Frage, aber das war auch ein merkwürdiger junger Mann, der da im «Amt für geistiges Eigentum» in Bern arbeitete. Ein Jahr vor der Gehaltserhöhung hatte er vier naturwissenschaftliche Arbeiten geschrieben, in seiner Freizeit. Eine davon, die «Elektrodynamik bewegter Körper», reichte er später als Habilitationsschrift ein. Urteil eines Professors: «Was Sie da geschrieben haben, verstehe ich überhaupt nicht.» Diese Schrift enthielt eine Theorie, die ihn später berühmt machte. In seiner zweiten Schrift hatte er die Photonen-Theorie des Lichts aufgestellt – und erhielt 16 Jahre später den Nobelpreis dafür. Und dabei hatte der Mann noch nicht einmal das Abitur gemacht.

Mit 16 Jahren war er dem Luitpoldgymnasium in München regelrecht entflohen. Ein Jahr lang blieb er danach in Italien und bewarb sich dann an einer Technischen Hochschule in Zürich, die Studenten ohne Abitur aufnahm. Aber er bestand die Prüfung nicht. Erst ein Jahr später gelang ihm der Sprung in die TH. Eine Tante aus Italien überwies ihm monatlich 100 Franken. Als er vier Jahre später die Diplomprüfung als mathematisch-physikalischer Fachlehrer bestand, versiegte die verwandtschaftliche Finanzquelle. Und da der junge Diplomlehrer keine Anstellung fand, ließ er sich als Beamter im «Amt für geistiges Eigentum» anstellen. «Dadurch wurde ich 1902–09 in den Jahren besten produktiven Schaffens von Existenzsorgen befreit», schrieb er später.

Als knapp 30jähriger schaffte er, im zweiten Anlauf, die Habilitation an der Universität Zürich. Drei Studenten hörten seine Vorlesung, zwei sprangen bald darauf noch ab. Jahre später strömten zu einem seiner Vorträge, die er in fast allen Hauptstädten der Welt hielt, 3000 Zuhörer. Aber da war er schon eine weltbekannte «Zeitungsberühmtheit», nachdem Beobachtungen bei einer Sonnenfinsternis die Richtigkeit einer seiner Theorien bestätigt hatten.

Drei Jahre vor seinem Tod wurde dem inzwischen 25fachen Ehrendoktor das Amt des Staatspräsidenten von Israel angeboten; er lehnte ab. Er, der im Laufe seines Lebens Deutscher, Schweizer und Österreicher gewesen war, starb 76jährig als Bürger der USA. Von wem war die Rede?

(Alphabetische Lösung: 5–9–14–19–20–5–9–14)

Pfandbrief und Kommunalobligation

Meistgekaufte deutsche Wertpapiere - hoher Zinsertrag - bei allen Banken und Sparkassen

Verbriefte Sicherheit

über noch die revolutionäre Phantasie sich als Utopismus vor sich sel-
ber schämt und zum fügsamen Vertrauen auf die objektive Tendenz der
Geschichte entartet. Als Organ solcher Anpassung, als bloße Kon-
struktion von Mitteln ist Aufklärung so destruktiv, wie ihre romanti-
schen Feinde es ihr nachsagen. Sie kommt erst zu sich selbst, wenn sie
dem letzten Einverständnis mit diesen absagt und das falsche Absolute,
das Prinzip der blinden Herrschaft, aufzuheben wagt.[130]

Wird blinde Herrschaft rationalisiert, so ist Rationalisierung nur
Mittel, das unwahre Ganze am Leben zu halten, und die falsche Notwendigkeit des irrationalen, des unversöhnten und unbefriedeten Ganzen verwandelt sich in den Richtspruch über die Wirklichkeit. Aufklärung, die in der Normativität des Faktischen kulminiert, wiederholt
nur den Modalitätskalkül der Natur-Ontologie Nicolai Hartmanns:
Wenn etwas in der (makromaren) Natur wirklich geschieht, dann ist
es auch zugleich möglich und notwendig. Das Faktum eliminiert den
Faktor, die Tatsache wird zu dem, was immer schon ist und Anpassung
fordert, und Horkheimer und Adorno merken an: *Das Tatsächliche*
behält recht, die Erkenntnis beschränkt sich auf seine Wiederholung,
der Gedanke macht sich zur bloßen Tautologie. Je mehr die Denkma-
schinerie das Seiende sich unterwirft, um so blinder bescheidet sie sich
bei dessen Reproduktion. Damit schlägt Aufklärung in die Mythologie
zurück, der sie nie zu entrinnen wußte. Denn Mythologie hatte in ihren
Gestalten die Essenz des Bestehenden: Kreislauf, Schicksal, Herrschaft
der Welt als die Wahrheit zurückgespiegelt und der Hoffnung entsagt.
In der Prägnanz des mythischen Bildes wie in der Klarheit der wissen-
schaftlichen Formel wird die Ewigkeit des Tatsächlichen bestätigt und
das bloße Dasein als der Sinn ausgesprochen, den es versperrt.[131]

Entdeckt Kritische Theorie im Existenzialurteil über die Gesellschaft
die Einheit des Ganzen als den Antagonismus der Entzweiung, in dem
Identität als Herrschaft das Nichtidentische gleichschaltet oder gleich
ausschaltet, so sieht die Wissenschaft *Welt als gigantisches analyti-*
sches Urteil[132], in dem die Sinnlosigkeit der logischen Tautologie das
Immergleiche des Bestehenden verklärt. Auf dieses Immergleiche zu
rekurrieren, ist das formalistische Ideal moderner Wissenschaft. Was
ihr den Impuls gibt, ist die Magie der Weltformel, die als allgemeine
Feldtheorie der Materie dem mathematischen Formalismus ontologi-
sche Würde zuspricht — das So-und-Nicht-Anders einer Struktur, die
Wahrheit als Spezialfall der Wahrscheinlichkeit erscheinen läßt und
Wahrscheinlichkeit zum Realitätsmodus erhebt —, wobei die Statistik
der Quantenmechanik das Gesetz der großen Zahl spiegelt, unter das
die Gesellschaft der Technischen Welt den einzelnen als Exemplar der
Gattung gestellt hat: *Wissenschaft im allgemeinen verhält sich zur*
Natur und zu den Menschen nicht anders als die Versicherungswissen-

schaft im besonderen zu Leben und Tod. Wer stirbt, ist gleichgültig, es kommt aufs Verhältnis der Vorfälle zu den Verpflichtungen der Kompanie an. Das Gesetz der großen Zahl, nicht die Einzelheit kehrt in der Formel wieder.[133]

Funktioniert die Welt jedoch nach dem Gesetz der großen Zahl, dann wird jeder einzelne zum Material universaler Verfügbarkeit, in der das Sein nur mehr *unter dem Aspekt der Verarbeitung und Verwaltung*[134] angeschaut wird. Die Verwaltete Welt richtet die Menschen ab, und sie gehorchen ihr mit jener Resignation, die dem vermeintlichen Schicksal gilt. Ihr wirkliches Schicksal aber ist der Zerfall, mit dem sie für blinde Herrschaft bezahlen, und das um so mehr, je weiter Herrschaft zur Herrschaft der Sachen und zur Verwaltung von Menschen wird: *Nicht bloß mit der Entfremdung der Menschen von den beherrschten Objekten wird für die Herrschaft bezahlt: Mit der Versachlichung des Geistes wurden die Beziehungen der Menschen selber verhext, auch die jedes Einzelnen zu sich. Er schrumpft zum Knotenpunkt konventioneller Reaktionen und Funktionsweisen zusammen, die sachlich von ihm erwartet werden. Der Animismus hatte die Sachen beseelt, der Industrialismus versachlicht die Seelen.*[135]

Vermittelt sich jedoch gesellschaftliche Macht vor allem durch die Macht über Dinge, so holen sie den Menschen ein und verwandeln ihn in einen *Automaten der formalisierten Vernunft*[136], wie Horkheimer in *Eclipse* sagt. Die Versachlichung der Seelen gilt also für jede Klasse von Menschen, den herrschenden ebensowohl wie den beherrschten. Beide werden zu Automaten, die nicht mehr die für Individualität notwendige Distanz zu sich selbst aufbringen, sondern in die unmittelbare Befriedigung aller Wünsche und Begierden verfallen. Das, was Nietzsche für das Zeichen des starken Willens hielt, der Hiatus des Bewußtseins, das nicht blindlings und sofort auf jeden Reiz reagiert, die Zustimmung also zur Versagung der Wünsche, verblaßt vor einem buchstäblich gewissenlosen Hedonismus, der den Genuß des Augenblicks predigt, weil der nächste schon das Ende bedeuten kann. *Der mittägliche panische Schrecken, in dem die Menschen der Natur als Allheit plötzlich innewurden, hat seine Korrespondenz gefunden in der Panik, die heute in jedem Augenblick bereit ist, auszubrechen: die Menschen erwarten, daß die Welt, die ohne Ausgang ist, von einer Allheit in Brand gesetzt wird, die sie selber sind und über die sie nichts vermögen.*[137]

Hat jedoch panische Angst die Menschen versehrt und Fügsamkeit gegenüber Trieben, Kollektiven und Apparaten erzwungen, so zergeht auch die Möglichkeit jeder Initiative aus eigener Entscheidung, Charakteristikum dessen, was einst Individualität hieß oder heißen sollte. Wirtschaftliche Unabhängigkeit, die der bürgerlichen Freiheit und Individualität, der Unabhängigkeit des Urteils den Boden bereitete, ist in einer Welt der Angestellten und Funktionäre in die puritanische Bereitschaft Thomas Carlyles zurückgeschlagen, zu arbeiten und nicht zu verzweifeln, wie unsinnig sich auch das friedlose Ganze gebärden mag: *Das Individuum faßte einmal die Vernunft ausschließlich als Instrument des Selbst. Jetzt erfährt es die Kehrseite seiner Selbstvergottung. Die Maschine hat den Piloten abgeworfen; sie rast blind in den Raum. Im Augenblick ihrer Vollendung ist Vernunft irrational und dumm geworden. Das Thema dieser Zeit ist Selbsterhaltung, während es gar kein Selbst zu erhalten gibt.*[138]

Das Selbst verschwindet, die Seele wird nicht nur für Behavioristen zur Farce, das Gewissen nicht nur für Zyniker lächerlich. In einer Welt der Gigantomanie, welche die Menschen als Angestellte des universalen Betriebs mißachtet, wird sogar deren Triebökonomie in die Regie der Gesellschaft übernommen und mit den genormten Fertigfabrikaten nur scheinbar individueller Befriedigung beliefert, die in Wahrheit die konfektionierte Lust von Millionen, das Produkt der Kulturindustrie ist: *Seele, als Möglichkeit zu dem sich selber offenen Gefühl der Schuld, zergeht. Gewissen wird gegenstandslos, denn anstelle der Verantwortung für sich und die Seinen tritt, wenn auch unter dem alten moralischen Titel, schlechtweg seine Leistung für den Apparat. Es kommt nicht mehr zum Austrag des eigenen Triebkonflikts, in welchem die Gewissensinstanz sich bildet . . . Was der Einzelne jeweils tun soll, braucht er sich nicht erst mehr in einer schmerzhaften inneren Dialektik von Gewissen, Selbsterhaltung und Trieben abzuringen. Für den Menschen als Erwerbstätigen wird durch die Hierarchie der Verbände bis hinauf zur nationalen Verwaltung entschieden, in der Privatsphäre durchs Schema der Massenkultur, das noch die letzten inwendigen Regungen ihrer Zwangskonsumenten in Beschlag nimmt. Als Ich und Über-Ich fungieren die Gremien und Stars, und die Massen, selbst des Scheins der Persönlichkeit entäußert, formen sich viel reibungsloser nach den Losungen und Modellen, als je die Instinkte nach der inneren Zensur.*[139]

In einer Welt, in der Menschen Maschinen «bedienen» und der Computer zum Vorbild des menschlichen Denkens wird — als ob er in seiner «Qualität» nicht von der Denkkraft seiner Programmierer abhinge —, triumphiert das Realitätsprinzip endgültig über das Lustprinzip, und der Rausch des Augenblicks bleibt von der Unfähigkeit geschlagen, sich noch in Kierkegaards Wiederholung, in das ethische Stadium wandeln zu können. Nicht nur die Persönlichkeit, dieser Ausdruck des Bürger-Pomps, vergeht, sondern auch — gegen Romano Guardinis Hoffnung — die Person, aber ihr Zerfall, ihr Abschied von der Vernunft ratifiziert zugleich den Abschied der Menschheit von wahrer Aufklärung: *Seitdem Denken ein bloßer Sektor der Arbeitsteilung wurde, haben die Pläne der zuständigen Experten und Führer die ihr eigenes Glück planenden Individuen überflüssig gemacht. Die Irrationalität der widerstandslosen und emsigen Anpassung an die Realität wird für den Einzelnen vernünftiger als die Vernunft. Wenn vordem Bürger den Zwang als Gewissenspflicht sich selbst und den Arbeitern introjiziert hatten, so wurde inzwischen der ganze Mensch zum Subjekt–Objekt der Repression. Im Fortschritt der Industriegesellschaft, die doch das von ihr selbst gezeitigte Gesetz der Verelendung hinweggezaubert haben soll, wird nun der Begriff zuschanden, durch den das Ganze sich rechtfertigte: der Mensch als Person, als Träger der Vernunft. Die Dialektik der Aufklärung schlägt objektiv in den Wahnsinn um.*[140]

Von Anfang an jedoch durchzieht Horkheimers Kritische Theorie eine verzweifelte Hoffnung – die Hoffnung, im nichtidentischen, vom herrschaftlichen Gestus des Systemdenkens unterdrückten Einzelnen, in dessen Elend und Leid, in der Hinfälligkeit und Verlassenheit des Endlichen die «Rettung des Hoffnungslosen» (Adorno) durch das trotz aller scheinhaften Widerspiegelung in Denken, Glauben und Institutionen scheinlose und also verborgene Wesen zu fassen. Aber diesem Wesen gebricht die Kraft der Identifikation, ihm ist jeder Anschein von Positivität genommen, weswegen es im Einzelnen nur als dessen eigene Zerrissenheit erscheint, die das nicht gesucht hat, was sie findet – die Entzweiung als die Einheit –, und die das nicht findet, was sie gesucht hat – das ganz Andere als die Einheit des Scheins und des Scheinlosen. Kritische Theorie ist vom Augenblick ihres Erscheinens an bei Horkheimer von dieser Dialektik des ganz Anderen verzehrt, sie ist unglückliches Bewußtsein.

Die metaphysische Gewalt dieser Theorie, ihre theologia occulta, die das Verlorene des ganz Anderen um so mächtiger hervorruft, je entschiedener sie sich als dessen Negation begreift, hat Adorno schon sehr früh, am 25. Februar 1935, in einer unvergeßlichen Briefpassage an Horkheimer beschworen: «Ich finde den Bergsonaufsatz ganz außerordentlich. Insbesondere ist es die Stelle über den Historiker als Retter, die mich im höchsten Maße ergriffen hat – es ist erstaunlich, wie völlig hier die Konsequenzen Ihres ‹Atheismus› (an den ich freilich je weniger glaube, je vollkommener er sich expliziert: denn mit jeder Explikation steigt seine metaphysische Gewalt) solchen aus meinen theologischen Intentionen begegnen, die Ihnen so unbehaglich sein mögen wie sie wollen, aber deren Konsequenzen jedenfalls eben in nichts von Ihren sich unterscheiden – könnte ich doch das Motiv der Rettung des Hoffnungslosen als Zentralversuch aller meiner Versuche einsetzen, ohne daß mir ein Mehr zu sagen bliebe; es sei denn, daß ich zu jener historischen Verzeichnung des Leidens und des Nichtgewordenen den

Leser hinzudenke, von dem Sie schweigen und der doch der einzige Leser wäre, dem diese Geschichte des kreatürlichen Leidens zugeeignet wäre. Und freilich glaube ich: so wie keiner meiner Gedanken das Recht zu atmen hätte, wenn er nicht, Ihrem Atheismus konfrontiert, sich als verhüllend und wahr erwiese, so sicher wäre keiner Ihrer Gedanken zu denken ohne dies Wozu als Kraftquelle durch den Tod hindurch, die um so gewaltiger in Ihre Erkenntnisse hineinwirkt, je dichter Sie diese dagegen absperren; wie eine Art von Strahlen, die nicht nur von keiner Mauer aufgehalten werden, sondern gerade die Macht besitzen, das Innerste der Mauer selber zu zeigen.»[141]

Was sich in Adornos Sätzen ausspricht ist jene Dialektik der Vernunft, die dem Verstand ein «Mysterium» bleibt, wie Hegel sagt[142], es ist das «Mystische», das «sich zeigt», aber als «Unaussprechliches»[143]. Das Bewußtsein der Schranke, des Mangels ist, mit Hegel zu reden, ebenso schon ein Darüberhinaussein, wie «diesseits» im Bewußtsein in den Prozeß der Negation hineinwirkt, was sich nicht feststellen, nicht identifizieren, nicht aussprechen läßt: Absolute Negation, die den metaphysischen Sinn destruiert, gleicht der Klage an jener Klagemauer des zerstörten Tempels von Jerusalem, die noch in Elend, Mangel, Entzweiung und Tod, die noch im Hader mit Gott den Messias als Einheit von Herkunft und Zukunft, als die Figur unausdenkbarer Erlösung ersehnt.

Andeutungen dieser, erst vom späten Horkheimer ausdrücklich einbekannten *Sehnsucht nach dem ganz Anderen* finden sich schon in Passagen seiner frühen Aufsätze, wenn auch im Gestus der Gegenposition erstarrt oder im Gerechtigkeitsstreben historischer Kritik verborgen. Vom offenen Agnostizismus der *Dämmerung* (*Vielleicht ist ein ohnmächtiges und gequältes Leben, das voll von Güte war, nicht verloren, vielleicht hat es einen ewigen Morgen. Wir können es nicht wissen*[144]) schritt Horkheimer sehr bald zur Anerkennung einer Sehnsucht fort, die er nicht an die Einsicht in *evidente Wesensverhältnisse*, an transzendierende Erkenntnis geknüpft dachte, sondern die er als historisch erklärbar, wenn auch als weiter nicht legitimierbar annahm: *die Sehnsucht nach Glück und Freiheit für die Menschheit*[145]. Bereits vor dieser Sehnsucht nach menschlicher Solidarität hatte er jedoch eine unendliche Sehnsucht konzipiert, die nur als Sehnsucht nach dem Unendlichen verstanden werden kann: die Sehnsucht nach einem gütigen Gott, die sich Bedrückte und Sterbende in ihrer Vorstellung vom Jüngsten Gericht gemacht haben. Freilich verwarf Horkheimer diese Vorstellung zugleich als *Überrest primitiven Denkens*[146].

Nicht zufällig jedoch knüpfen sich an diese Schlußseiten von Horkheimers Rezension *Zu Bergsons Metaphysik der Zeit* Adornos Briefsätze. Horkheimer hatte geschrieben: *Jetzt, wo das Vertrauen auf das*

Ewige zerfallen muß, bildet die Historie das einzige Gehör, das die gegenwärtige und selbst vergängliche Menschheit den Anklagen der vergangenen noch schenken kann[147], und Adorno hatte begriffen, daß der hegelianische Appell an das Jetzt latent eine Anrede an Gott, den ewigen Leser der vergänglichen Historie menschlichen Sehnens und Leidens, aber nicht ein neues Vertrauen auf den revolutionären Fortgang der Dinge ausdrückte. Diese Anrede ließ später Horkheimer den blinden ökonomischen Mechanismus als *anonymen Gott*[148] ansprechen, wie sie auch seine Kritik am nihilistischen Liberalismus und an dessen historisch-relativistischer Pseudotheologie motivierte.

Enthält aber Horkheimers Hinweis auf den anonymen Gott des ökonomischen Mechanismus nicht zugleich die Sehnsucht nach dem nicht-anonymen Gott, nach jenem ganz Anderen, dessen nicht blinde Allmacht das bewirken könnte, was Hegel die «absolute Versöhnung»[149] genannt hat? Horkheimers Existenz, ihre Zerrissenheit in das negative Denken des Marxisten und das affirmative Praktizieren des gläubigen Juden, gibt darauf Antwort – die Antwort des unglücklichen Bewußtseins, die Antwort des nicht fest-gestellten, utopisch-ortlosen Wesens Mensch, das eben deswegen animal metaphysicum ist und bleiben wird.

So verbirgt sich schon in Horkheimers großer Haecker-Rezension aus dem Jahre 1936 das Unausdenkbare einer Sehnsucht, die nicht nur an sozialer Veränderung interessiert ist, sondern – wie immer das kritisch-negative Denken auch nur den Anschein jeder weiterreichenden Hoffnung zerstören mochte – mit unendlichem Interesse am Unendlichen, am «metaphysischen Bedürfnis» (Schopenhauer) des Menschen festhält: *Indem die Ideen der Auferstehung der Toten, des Jüngsten Gerichts, des ewigen Lebens als dogmatische Setzungen negiert sind, wird das Bedürfnis der Menschen nach unendlicher Seligkeit ganz offenbar und tritt zu den schlechten irdischen Verhältnissen in Gegensatz.*[150]

Deutlicher noch als in den Aufsätzen Horkheimers für die «Zeitschrift für Sozialforschung» erscheint in der *Dialektik der Aufklärung* Kritische Theorie als theologia occulta. Mag Aufklärung auch in den objektiven Wahnsinn des Massenbetrugs umschlagen, der die Menschen zerstört, indem er sie zu erhalten vorgibt, so bleibt sie doch ihrer Intention nach die Wille, Vernunft vor den Idolen des Mythos zu retten, den Illusionen des abstrakt von der Natur losgerissenen Geistes Widerstand zu leisten, Versöhnung nicht von der Herrschaft des Begriffs zu erwarten, in der sich nur der Begriff blinder Herrschaft verbirgt. Aufklärung als Kritische Theorie ist daher für Horkheimer und Adorno die *säkularisierte Form des jüdischen Monotheismus*[151], ihr Impuls immer noch das Verbot, in Mythos und Bild, in Name und Idee das zu erfahren, was Rettung verheißt: *Die jüdische Religion duldet kein Wort, das der Verzweiflung aller Sterblichen Trost gewährte.*[152] Kann dieses Wort nicht gesprochen werden, konzentriert sich damit im Begriff von Entmythologisierung die schreckliche Erfahrung der Menschengeschichte von der *Vergeblichkeit und Überflüssigkeit von Opfern*[153], dann verinnerlicht der Mensch der Zivilisation das Opfer, und die Geschichte treibt ihn zur Entsagung, die sich der Hoffnung versagt. Ist darum aber die Rettung des Hoffnungslosen – Grundintention Kritischer Theorie – unmöglich?

Denkwürdig bleibt, wie in der *Dialektik der Aufklärung* jüdisches Denken durchschlägt bis zur Bewahrung dessen, was in den Systemen positiver Metaphysik und Theologie nicht mehr sich halten läßt. Hoffnung knüpft sich an das vom Gesetz ergangene Verbot, den Namen Gottes zu nennen, Hoffnung darauf, daß hierin sich äußert, was über des Menschen Maß geht, Hoffnung als Eingedenken der Sünde, die das Verbot übertrat. Im Verbot selbst bleibt *das Band zwischen Name und Sein anerkannt*[154]; Gott ist kein leerer Name, weil er niemals genannt wird. So knüpft die jüdische Religion Hoffnung *einzig ans Verbot, das Falsche als Gott anzurufen, das Endliche als das Unendliche, die Lüge als Wahrheit. Das Unterpfand der Rettung liegt in der Abwendung von allem Glauben, der sich ihr unterschiebt, die Erkenntnis in der Denunziation des Wahns ... Gerettet wird das Recht des Bildes in der treuen Durchführung seines Verbots.*[155]

Erlösung ist nicht nur buchstäblich unvorstellbar, sondern auch unausdenkbar; Glaube, Hoffnung und Liebe vermögen ebensowenig über sie wie sogenannte Werke – aber eben darin liegt ihr Recht, ihre Möglichkeit: eine Möglichkeit, die weder possibile logicum noch Realitätsmodus ist, sondern Denken und Wirklichkeit übersteigt. Darum ist diese Möglichkeit in positiver Dogmatik Illusion, bloßer Glaube an jene objektivierten Wünsche, in denen Feuerbach und Freud das Unwesen der Götter entdecken, Verzweiflung, die in der unauslöschlichen Ohnmacht der Gewißheit sich selbst die Gewißheit der Ohnmacht verbirgt. Wie der negativ konstruierte Weltlauf als Nihilismus – aber auch als buddhistisches Nirvana – in Mythologie verfällt, so erweisen sich die *garantierten Pfade zur Erlösung als sublimierte magische Praktiken*[156]. Was aber in den Pflichten des jüdischen Ritualgesetzes sich ausspricht, ist ein Sieg der Vernunft über Mythos und Magie: *Den Juden schien gelungen, worum das Christentum vergebens sich mühte: die Entmächtigung der Magie vermöge ihrer eigenen Kraft, die als Gottesdienst sich wider sich selber kehrt. Sie haben die Angleichung an Natur nicht sowohl ausgerottet als sie aufgehoben in den reinen Pflichten des Rituals. Damit haben sie ihr das versöhnende Gedächtnis bewahrt, ohne durchs Symbol in Mythologie zurückzufallen.*[157]

So ist das jüdische Ritual Verwandlung des heidnischen Opfers. Es gab nur Sakral-Geheiligtes, weil sich der Rhythmus des Lebens in Familie und Volk, weil sich Arbeit dem Ritus anschmiegte: *Entsprin-gen die Regeln auch nicht aus rationaler Überlegung, so entspringt doch aus ihnen Rationalität.*[158]

Die Rationalisierung des Opfers wiederum geht verloren, wenn das Symbol Erlösung verheißt, wenn Natur und Übernatur sich in der Nachahmung Christi, in aufopfernder Liebe, versöhnen sollen. Die Entäußerung hier gilt als das Positive, denn ihr ist das Ziel, Erlösung, verheißen, wenn auch nicht garantiert. Das aber will die Sicherheit des naiven Glaubens nicht wissen. Er hat die Gewißheit, die es nicht gibt, er lebt das Paradox, das nur von den paradoxen Christen, den *antioffi-ziellen*, erkannt wird: *Der Einfalt aber wird die Religion zum Religions-ersatz*[159], zum Rückfall in die magische Praktik der Naturreligion. Aber Horkheimer und Adorno sehen auch, was der naive Glaube ver-mag: *Das italienische Mütterchen, das dem heiligen Gennaro für den Enkel im Krieg in gläubiger Einfalt eine Kerze weiht, mag der Wahrheit näher sein als die Popen und Oberpfarrer, die frei vom Götzendienst die Waffen segnen, gegen die der heilige Gennaro machtlos ist.*[160]

Aus dem schlechten Gewissen jener aber, die sich gegen die Einsicht in die Paradoxie des Glaubens wehrten und ihr Christentum in den Aberglauben sicheren Besitzes verwandelten, entstand laut Horkhei-mer und Adorno der religiöse Antisemitismus, der sich das ewige Heil am Unheil jener bestätigte, *die das trübe Opfer der Vernunft nicht brachten: Die Anhänger der Vaterreligion werden von denen des Soh-nes gehaßt als die, welche es besser wissen. Es ist die Feindschaft des sich als Heil verhärtenden Geistes gegen den Geist. Das Ärgernis für die christlichen Judenfeinde ist die Wahrheit, die dem Unheil stand-hält, ohne es zu rationalisieren, und die Idee der unverdienten Seligkeit gegen Weltlauf und Heilsforschung festhält, die sie angeblich bewir-ken sollen. Der Antisemitismus soll bestätigen, daß das Ritual von Glaube und Geschichte recht hat, indem er es an jenen vollstreckt, die solches Recht verneinen . . . Die Antisemiten machen sich zu Vollstrek-kern des alten Testaments: sie sorgen dafür, daß die Juden, da sie vom Baum der Erkenntnis gegessen haben, zu Erde werden.*[161]

Diese Sätze aus der *Dialektik der Aufklärung* sind nicht nur Zeichen einer Solidarität, die dem jüdischen Volk in den infernalischen Jahren des Terrors und der Morde gilt. In ihnen lebt auch die Überzeugung von dem, was Geist ist, der einzig in der Entfaltung des Widerspruchs besteht, Endlich-Natürliches Geist zu nennen.[162] Kritische Theorie ist daher nichts ohne die Idee der Wahrheit, Wahrheit nichts ohne Band zwischen Name und Sein, das Band zwischen Name und Sein nichts ohne das Gesetz, das Gesetz nichts ohne die Idee unverdienter Seligkeit

– ohne jene Idee, die für Juden und Christen Gnade heißt. Sie aber widerstrebt sowohl der Erkenntnis als jeder Ordnung, die Heil juridisch sanktioniert und als Belohnung verheißt – sie, die den Weltlauf negiert, wird nur negativ offenbar. So geht die verborgene Anrede an Gott, die im Adorno-Brief von 1935 an Horkheimer Kritische Theorie als Rettung des Hoffnungslosen motiviert, in die Resignation über, die vom eingebildeten Zeugen spricht und Kritik als Eingedenken des Todes versteht. *Freilich: suspekt ist nicht die Darstellung der Wirklichkeit als Hölle, sondern die routinierte Aufforderung, aus ihr auszubrechen. Wenn die Rede heute an einen sich wenden kann, so sind es weder die sogenannten Massen, noch der Einzelne, der ohnmächtig ist, sondern eher ein eingebildeter Zeuge, dem wir es hinterlassen, damit es doch nicht ganz mit uns untergeht.*[163]

Ist die Wirklichkeit das Inferno, in das ihre eigene Ohnmacht die Menschen verstrickt; schlägt Vernunft objektiv in den Wahnsinn um, so gleicht menschliches Leben dem des vernunftlosen Tieres im sozialisierten Kreislauf von Reiz und Reaktion, von Anpassung und Entspannung, von genormter Befriedigung – aber es gleicht auch im Widerspiel von Furcht und Terror, von Flucht und Anpassung der Runde des Anstaltsinsassen, von dem Horkheimer spricht. Unbewußt und als Opfer der Medien perzipiert der Gesellschaftsinsasse Mensch noch in der Erholungsstunde das Grauen, das eben der Fall ist, und er verinnert es reproduktiv als Fatum, das alle betrifft. In der Magie des Weltdorfs erfährt er im ständigen Wechsel das Immergleiche, in das ihn der neue Genius der Gattung, die Technologie, als Ersatz der Natur gebannt hat, aber er nimmt das Urteil nicht wahr, das ihn damit allein schon verdammt. Ohne Versöhnung von Natur und Geist kann es keine Freiheit geben – in der Gesellschaft blinder Herrschaft bleibt aber die Freiheit aller geknechtet. *Die Idee der wahren Allgemeinheit, die Utopie*[164], richtet sich auf den Horizont gesellschaftlicher Befreiung, über sie hinaus jedoch reicht die Sehnsucht nach der Lossprechung des entzweiten Menschen, eine Sehnsucht, die sich mit der Ohnmacht des Tieres solidarisch fühlt: *Jedes Tier erinnert an ein abgründiges Unglück, das in der Urzeit sich ereignet hat. Das Märchen spricht die Ahnung der Menschen aus. Wenn aber dem Prinzen dort die Vernunft geblieben war, so daß er zur gegebenen Zeit sein Leiden sagen und die Fee ihn erlösen konnte, so bannt Mangel an Vernunft das Tier auf ewig in seine Gestalt, es sei denn, daß der Mensch, der durch Vergangenes mit ihm eins ist, den erlösenden Spruch findet und durch ihn das steinerne Herz der Unendlichkeit am Ende der Zeiten erweicht.*[165]

Das steinerne Herz der Unendlichkeit erweichen, den erlösenden Spruch finden – den nur unbegreifliche Gnade vermitteln kann –, die Ahnung von der Majestät eines Tags, der die Welt nicht nur im Gluthauch der Sonne verdorren läßt: in allen diesen Wendungen spricht sich aus, was auch Kritische Theorie, den nicht nur säkularisierten jüdischen Monotheismus, trotz aller ihrer marxistisch-gesellschaftskritischen Intentionen noch immer bestimmt – das Eingedenken der Versöhnung, die Horkheimer und Adorno als höchsten Begriff des Judentums sehen: *Gleichgültig wie die Juden an sich selber beschaffen sein mögen, ihr Bild, als das des Überwundenen, trägt die Züge, denen die totalitär gewordene Herrschaft todfeind sein muß: des Glückes ohne Macht, des Lohnes ohne Arbeit, der Heimat ohne Grenzstein, der Religion ohne Mythos. Verpönt sind diese Züge von der Herrschaft, weil die Beherrschten sie insgeheim ersehnen. Nur solange kann jene bestehen, wie die Beherrschten selber das Ersehnte zum Verhaßten machen. Das gelingt ihnen mittels der pathischen Projektion, denn auch der Haß führt zur Vereinigung mit dem Objekt, in der Zerstörung. Er ist das Negativ der Versöhnung. Versöhnung ist der höchste Begriff des Judentums und dessen ganzer Sinn die Erwartung: der Unfähigkeit zu dieser entspringt die paranoische Reaktionsform.*[166]

Ist der Sinn der Versöhnung, die Erwartung, nur das Warten aufs letzte Gefecht? Ist Lohn ohne Arbeit nicht die Chiffre unverdienter Seligkeit? Ist das Glück ohne Macht nicht schon in jener meta-revolutionären Erwartung antizipiert? Nennt Heimat ohne Grenzstein nur die Idylle herrschaftsfreier Kommunen? Ist Religion ohne Mythos nicht das Verbot des Namens, das als negative Theologie das Band von Name und Sein ratifiziert? Die *Dialektik der Aufklärung* antwortet: *Die Leugnung Gottes enthält in sich den unaufhebbaren Widerspruch, sie negiert das Wissen selbst.*[167]

Friedrich Pollock

RÜCKKEHR NACH DEUTSCHLAND

Bereits 1946 kam von der Stadt Frankfurt und der Universität das
Angebot, Horkheimer möge mit dem Institut nach Frankfurt zurückkehren. Doch er zögerte, eine positive Antwort zu geben. Die «Studies
in Prejudice», die Horkheimer im Auftrag des American Jewish Committee herausgab, waren noch nicht abgeschlossen, und zudem hatten
sich die Aussichten auf eine erfolgreiche Weiterführung der Institutsarbeit wieder verbessert. Verhandlungen mit den Universitäten im
Gebiet von Los Angeles schienen durchaus erfolgversprechend. Freilich, schon im Frühjahr entwickelte Horkheimer Leo Löwenthal den
Plan, eine Zweigstelle des Instituts in Frankfurt einzurichten, um — wie
er meinte – der spekulativen Tradition der deutschen Soziologie die
empirische Sozialforschung der Amerikaner gegenüberzustellen.

Im Frühjahr 1948 fuhr Horkheimer nach fünfzehnjähriger Abwe-
senheit zum erstenmal wieder nach Deutschland. Der herzliche Empfang in Frankfurt und das Drängen von Stadt und Universität auf bal-
dige Rückkehr verfehlten nicht ihre Wirkung. Abgesehen vom Angebot, den alten Lehrstuhl Horkheimers wieder einzurichten, bot die

Stadt auch an, die Wiedererrichtung des Instituts finanziell zu unter-
stützen. Im September 1948 erklärte sich Horkheimer endgültig bereit,
den Ruf nach Frankfurt anzunehmen. Später begründete er seinen Ent-
schluß damit, daß ihm nicht an einer Wiedergutmachung durch offi-
zielle Stellen in Deutschland gelegen war, sondern daß er seine Rückkehr als Ehrung für jene Menschen betrachtet habe, die den Juden während der nationalsozialistischen Herrschaft geholfen haben, denn das,
was in dieser Zeit in Deutschland und in den besetzten Ländern geschehen sei, könne nicht wiedergutgemacht werden.

Daß Horkheimer eine gewisse Distanz zu Deutschland wahren wollte, kam auch darin zum Ausdruck, daß er seine amerikanische Staatsbürgerschaft unbedingt behalten wollte. Nach monatelangen Verhandlungen mit dem amerikanischen Hochkommissar John McCloy,
der Horkheimers Wunsch unterstützte, unterzeichnete im Juli 1952
Präsident Truman ein Gesetz, worin Horkheimer die amerikanische
Staatsbürgerschaft unabhängig von seiner Rückkehr nach Deutschland auf Lebenszeit garantiert wurde.

Mit Horkheimer kamen auch Pollock und Adorno nach Frankfurt
zurück. Adorno hatte wohl als einziges Institutsmitglied niemals – so
gestand er später – die Hoffnung aufgegeben, nach Deutschland
zurückzukehren. Die übrigen Mitglieder des inneren Institutskreises
blieben, mit Ausnahme von Grossmann, der nach Leipzig ging, und
Arkadi R. L. Gurland, der 1950 einem Ruf an die Hochschule für Politik
in Berlin folgte, in Amerika: Löwenthal als Forschungsdirektor der
«Stimme Amerikas» – später wurde er Professor in Berkeley –, Marcuse beim State Department – 1954 folgte er einem Ruf an die Brandeis
University –, Neumann als Professor in New York und Wittfogel als
Professor an der Universität von Washington.

Im August 1950 begann das Institut seine Arbeit aufzunehmen. Aus
dem McCloy-Fonds hatte die Stiftung 236 000 Mark erhalten – die
Hälfte der benötigten Summe. Ein Drittel konnte noch aus dem alten
Stiftungsvermögen aufgebracht werden, der Rest kam von der Stadt
Frankfurt und von Privatleuten.

Ein Jahr später wurde das neue Institutsgebäude eingeweiht. Das
«Café Max», wie das Institut bei den Studenten hieß, übte nun auf
junge Soziologen und Philosophen der Bundesrepublik die gleiche
Anziehungskraft aus wie auf die jungen Akademiker der Weimarer
Zeit. Die Frankfurter Schule, zu der neben Horkheimer und Adorno
auch Jürgen Habermas und Alfred Schmidt gehörten, wurde in den
sechziger Jahren zum Ausgangspunkt der studentischen Rebellion.

Hatte Horkheimer noch in Amerika mit seiner Rückkehr nach
Deutschland die Absicht verbunden, die empirische Sozialforschung
der spekulativen zu konfrontieren, so gab er diesen Gedanken Anfang

Frankfurt, 1948

der fünfziger Jahre auf. *Weder als Forschung noch als Lehre sollen die deutschen Sozialwissenschaften einfach denen in anderen Ländern angeglichen werden. Die Studenten sollen lernen, alle jene Methoden leicht und selbstverständlich zu handhaben, die der Gefahr eines dem Dasein gegenüber unverantwortlichen Drauflosdenkens Einhalt gebieten. Sie dürfen jedoch, als Folge davon, sich nicht einem Kultus von Tatsachen und Zahlen verschreiben. Angesichts des drohenden Verfalls der Bildung ist die Gefahr, daß der Apparat zum Selbstzweck wird, daß die Anhäufung umfangreichen Materials die Stelle der Einsicht*

usurpiert und daß der Experte den geistigen Menschen vertritt, gerade in einer verhältnismäßig jungen Wissenschaft nicht zu unterschätzen. Daher legt das Institut den größten Nachdruck darauf, die neuen empirischen Verfahrensweisen mit der Tradition der großen europäischen Philosophie und Soziologie zu durchdringen.[168]

Im Jahr der Einweihung des neuen Institutsgebäudes wurde Horkheimer zum Rektor der Frankfurter Universität gewählt – als erster Jude in der deutschen Universitätsgeschichte. Als er 1953 dieses Amt abgab, verlieh ihm die Stadt Frankfurt die Goethe-Plakette. 1954 folgte Horkheimer einem Ruf als Gastprofessor an die Universität von Chicago; 1960 zog er sich als Emeritus nach Montagnola oberhalb Luganos zurück.

Jürgen Habermas

Rektor Horkheimer mit Adenauer

Mit Theodor Heuss

In Montagnola

Obschon Horkheimers späte Philosophie sich von dem losgesagt hat, was der junge Denker für unumgänglich hielt – von der totalen Vermittlung von Theorie und Praxis, die zur Aufhebung von Vorgeschichte, Herrschaft und Knechtschaft des Menschen führt und in klassenloser Demokratie die Utopie der Freiheit, eine erlöste, ihrer Zwänge ledige Menschheit verwirklicht –, ist sie keineswegs resignativ. Zwar verwirft sie die Forderung, als abstrakt-unmittelbare Anweisung zum Handeln zu gelten – 1968 nennt Horkheimer nur noch eines als unabdingbares Postulat Kritischer Theorie: *die Notwendigkeit der Einsicht in die eigene Verantwortung*[169] –, aber zugleich hält sie doch eine gleichsam automatisch sich herstellende Gerechtigkeit, wenn auch ohne Freiheit, für das Proprium der zukünftigen, technologisch perfektionierten Gesellschaft und ihrer Verwalteten Welt. Die Negation der totalen Vermittlung, die der geschichtlichen Erfahrung von Krieg, Faschismus und Stalinismus entspringt, spiegelt sich theoretisch in der Überzeugung, daß Wesen und Erscheinung – wie bei Kant – nicht zusammengehören, sondern unversöhnt auseinanderfallen. Trotzdem hält Horkheimer, vielleicht auch deswegen, in seiner Altersphilosophie mit letzter Entschiedenheit an dem fest, was er als das Gemeinsame von Judentum und deutschem Idealismus ansieht, an ihren *negativ theologischen Intentionen*: *Es geht um die Idee der Wahrheit, die an dem sich offenbaren soll, was von ihr verlassen ist.*[170] Wahr ist nicht der affirmative Schein dogmatischer Setzungen, wahr sind nicht positive Lehrformeln, die nur Leerformeln wären, sondern das Bewußtsein der Ohnmacht, Vergänglichkeit und Bedingtheit dessen, was ist: *Der Gedanke ans Unbedingte konstituiert sich, indem er des Realen in seiner Bedingtheit inne wird.*[171] Diese endgültige Negation der totalen Vermittlung, die Absage an das befriedete Dasein der Utopie, an eine für immer gelungene Welt, offenbart den Ernst wie den Schmerz des Negativen, die nur der hoffnungslosen Sehnsucht nach dem ganz Anderen, nach dem Unbedingten deutlich werden, ohne daß je die Selbstentlarvung der Welt dem Erkennenden mehr von der Wahrheit offenbare als die Brüchigkeit der auf sie zielenden Begriffe.

Um so stringenter wird für den alten Horkheimer die Aktualität des metaphysischen Pessimismus, die Aktualität Schopenhauers. Moderne Wissenschaft und pessimistische Metaphysik haben eines illusionslos gemeinsam: *Aus scientivischer Naturerkenntnis, wie aus seiner (Schopenhauers) eigenen Philosophie, folgt die menschliche Nichtigkeit.*[172] Die Verlassenheit der Menschen offenbart sich für die Kritische Theorie nicht nur in der Endlichkeit des Menschen, sondern auch im fortschreitenden Zerfall dessen, was in der bürgerlichen Ära Person

oder Individuum hieß. Die Auflösung der Person in der Technischen Welt wird jedoch von der großen deutschen Philosophie antizipiert, während das Christentum deren Unsterblichkeit verteidigte. Für Schopenhauer löst das Ich sich im Tode auf, Reinkarnation aus Schuld geschieht auch in anderen, nicht unbedingt menschlichen Formen der Individuation des Willens zum Leben: *Angesichts des Rückgangs der sozialen Bedeutung des Einzelnen stimmt Schopenhauers Relativierung des Ichs mit gesellschaftlichen Tendenzen der Gegenwart überein.*[173] Je weiter sich der alte Horkheimer wieder Schopenhauer, aber auch Kant, Hegel und Nietzsche nähert, desto weiter entfernt er sich von den Klassikern des historischen Materialismus. Der Stalinismus und die chinesische Revolution haben Horkheimer davon überzeugt, daß auch im Marxismus ein imperialistischer Großmacht-Chauvinismus, der den Nationalismus und nicht den Internationalismus über die ganze Erde verbreitet, über die Solidarität der Verdammten dieser Erde gesiegt und neue Herrschaftsstrukturen statt der erhofften Abschaffung des Staates mit sich gebracht hat. Eben die Entwicklung von Weltmächten des herrschaftlichen Sozialismus motiviert Horkheimers Überzeugung, daß Freiheit in der Welt Unterdrückung einschließt und daß darum die immanente Logik des Geschichtsprozesses – von der eben der junge, revolutionäre Horkheimer niemals gesprochen hat – zur Nivellierung der Blöcke auf die eine Technische und Verwaltete Welt hintreibt. Das Proprium Kritischer Theorie, der Wille zur Gerechtigkeit, kann sich daher beim späten Horkheimer nur mehr in Erwägung der Vergangenheit, so auch im abwägenden Urteil über das Verhältnis von Deutschen und Juden, äußern, aber auch in jener neu entdeckten Gemeinsamkeit von Kritischer Theorie und dem theologischen Grundimpuls des Judentums, die nicht erst seit der *Dialektik der Aufklärung* – fast unbeachtet – Theorie der Gesellschaft in theologia occulta, in Geschichtsphilosophie des unglücklichen Bewußtseins verwandelt hatte.

1967 schrieb Horkheimer im neuen Vorwort zu *Eclipse* und zur Herausgabe von Vorträgen und Aufzeichnungen aus der Zeit nach 1945: *Selbstauflösung der Vernunft als geistiger Substanz beruht auf innerer Notwendigkeit. Theorie heute hat den Prozeß, die gesellschaftlich bedingte Tendenz zum Neopositivismus, zur Instrumentalisierung des Gedankens, sowie die vergeblichen Rettungsversuche zu reflektieren und auszusprechen.*[174] Horkheimers Kritische Theorie hält am Gedanken aus der *Dialektik der Aufklärung* fest, Theorie könne nur das Schlechte analysieren, das heißt die in der Menschengeschichte immer wieder durchschlagende Tendenz des Grauens, die sich in Gewalt, Herrschaft und Unterdrückung, die sich in Leiden, Hunger und Tod der Schwachen und Rechtlosen offenbart. Kritische Theorie – zumindest bei Horkheimer – verläßt also nicht den Geschichtsdeterminismus, wie Otto Pöggeler meint, sondern sie wendet sich, eben durch «die konkreten Erfahrungen des Faschismus und Stalinismus»[175] belehrt, ihm erstmals offen zu. Zum erstenmal spricht Horkheimer von der inneren Notwendigkeit des historischen Prozesses, sofern sich in ihm die Selbstauflösung der Vernunft offenbart, und er hält ebenso den Übergang in die perfekte Technologie der Verwalteten Welt für unabänderlich – es sei denn, die Katastrophe eines globalen Atomkrieges würfe die Menschheit in das Troglodyten-Stadium zurück oder vernichtete alles Leben auf der Erde. Theorie kann also nur mehr die gesellschaftliche Tendenz und den Widerstand gegen sie reflektieren – sie vermag jedoch nichts wider die von ihr ausgesprochene, im Existenzialurteil totalisierte Tendenz. Theorie bleibt damit von praktischer Verwirklichung des Anderen, der in ihr selbst verborgenen gesellschaftlichen Utopie, weiter denn je entfernt.

In *Eclipse* bereits hat Horkheimer den paradoxen Vorgang analysiert, der die Vernunft selbst rationalisiert: intellectus, für die Scholastik noch ratio superior[176], wird gleichsam zugunsten des Verstandes destruiert, objektive Vernunft, die Überzeugung, der Urgrund der Welt sei geistig, die Welt selbst enthalte damit dem Begriff erreichbare geistige Form oder Substanz, schlägt um in die Subjektivierung, aber subjektivierte Vernunft bedeutet für Horkheimer nur noch *die Fähigkeit, Wahrscheinlichkeiten zu berechnen und dadurch einem gegebenen Zweck die richtigen Mittel zuzuordnen*[177].

Subjektivierung der Vernunft bedeutet also Verzicht auf Wahrheit und damit auch auf die Erkenntnis des Guten, im allgemeinen wie im Einzelfall. Güter und Zwecke werden willkürlich gesetzt und der instrumentalisierten Vernunft vorgegeben, inhaltliche Zwecke werden moralisch indifferent und nur mehr im Konflikt individueller oder kollektiver Interessen durchsetzbar, das wohlverstandene Eigeninteresse und die ratio status, die ein Reflex der Macht, aber nicht der Gerechtigkeit ist, regieren die Welt: *Die gegenwärtige Krise der Vernunft besteht im Grunde in der Tatsache, daß das Denken auf einer bestimmten Stufe entweder die Fähigkeit verlor, eine solche Objektivität* (als höchsten Inhalt des Denkens) *überhaupt zu konzipieren, oder begann, sie als einen Wahn zu bestreiten. Dieser Prozeß erstreckte sich allmählich auf den objektiven Inhalt eines jeden rationalen Begriffs. Schließlich kann keine besondere Realität per se als vernünftig erscheinen; ihres Inhalts entleert, sind alle Grundbegriffe zu bloß formalen Hülsen geworden. Indem Vernunft subjektiviert wird, wird sie auch formalisiert. – Die Formalisierung der Vernunft hat weitreichende theoretische und praktische Konsequenzen. Wenn die subjektivistische Ansicht stichhaltig ist, kann das Denken nicht helfen zu bestimmen, ob irgendein Ziel an sich wünschenswert sei. Die Annehmbarkeit von Idealen, die Kriterien für unser Handeln und unsere Überzeugungen, die leitenden Prinzipien der Ethik und Politik, alle unsere letzten Entscheidungen werden von anderen Faktoren als der Vernunft abhängig gemacht. Sie sollen eine Angelegenheit der Wahl und des Beliebens sein, und es ist sinnlos geworden, bei praktischen, moralischen oder ästhetischen Entscheidungen von Wahrheit zu sprechen.*[178]

Formalisierung der Vernunft ist bei Horkheimer nicht im Sinn des klassischen Formbegriffs zu verstehen, der als idea oder eidos höchste Inhaltserfülltheit indiziert, indem er jedes zu dem macht, was es ist. Formalisierung heißt hier im genauen Sinn Inhaltslosigkeit, in eben dem Sinn, der Wittgenstein im «Tractatus logico-philosophicus» sa-

gen läßt: «Wir fühlen, daß selbst, wenn alle möglichen wissenschaftlichen Fragen beantwortet sind, unsere Lebensprobleme noch gar nicht berührt sind.»[179]

Wissenschaftlich-theoretische Vernunft kann also über Lebensprobleme des Menschen nichts sagen, nicht inhaltlich zu ihnen Stellung nehmen, keine Handlungsziele im Sinne eines emanzipatorischen, erkenntnisleitenden Interesses der Menschheit formulieren. Damit aber hat sie für Horkheimer ihre Autonomie aufgegeben, obschon Wissenschaft eben in der von Praxis distanzierten, rein theoretischen Behauptung ihres — sozial gesehen, abstrakten — Wahrheitsanspruchs oder zumindest in der institutionellen, wissenschaftspolitisch unabdingbaren Unabhängigkeit ihres Arbeits- und Forschungsanspruchs das Kriterium für die Autonomie der ihr immanenten Vernunft — bei Max Weber, Sir Karl Popper und Hans Albert ihres «rationalen Problemlösungsverhaltens» — und ihrer pragmatisch orientierten «Stückwerk-Technologie» (Popper) sieht. Horkheimer hingegen urteilt: *Nachdem sie die Autonomie aufgegeben hat, ist die Vernunft zu einem Instru-*

102

*ment geworden. Im formalistischen Aspekt der subjektiven Vernunft,
wie er vom Positivismus hervorgehoben wird, wird ihre Beziehungslo-
sigkeit zu einem objektiven Inhalt betont; in ihrem instrumentellen
Aspekt, wie er vom Pragmatismus hervorgehoben wird, wird ihre
Kapitulation vor heteronomen Inhalten betont. Die Vernunft ist gänz-
lich in den gesellschaftlichen Prozeß eingespannt. Ihr operativer Wert,
ihre Rolle bei der Beherrschung der Menschen und der Natur, ist zum
einzigen Kriterium gemacht worden . . . Begriffe sind zu widerstandslosen, rationalisierten, arbeitssparenden Mitteln geworden. Es ist, als
ob Denken selbst auf das Niveau industrieller Prozesse reduziert worden wäre, einem genauen Plan unterworfen – kurz, zu einem festen
Bestandteil der Produktion gemacht.*[180]

Das Denken selbst wird in dem auf totale Naturbeherrschung adres-
sierten Gesellschaftsprozeß zur Produktivkraft, deren Resultate quan-
tifizierbar sein müssen, um funktionsrelevant zu werden und der einzig
noch lizenzierten Institution des Denkens, der Wissenschaft, soziale
Kommensurabilität zu geben. In wessen Namen produziert wird, was
die ständige Steigerung der Produktivitätsrate erbringen soll, warum
der Produktionsprozeß zur Laterna magica der Technischen Welt wird,
bleibt für die Wissenschaft irrelevant, für eine Wissenschaft, die im
logischen Positivismus einen tautologischen Aufbau der Welt reflektiert, der – für ihn – ebenso wahr wie sinnlos ist, und die im Kritischen
Rationalismus auf irrationale Dezision zurückfallen muß, weil es keine
objektive Vernunft und daher auch keine allgemeinen Begründungs-
zusammenhänge und deren Prinzipien mehr gibt. Wozu aber führt Formalisierung? Horkheimer antwortet: *Die Feststellung, daß Gerechtigkeit und Freiheit an sich besser sind als Ungerechtigkeit und Unterdrückung, ist wissenschaftlich nicht verifizierbar und nutzlos. An sich
klingt sie mittlerweile gerade so sinnlos wie die Feststellung, Rot sei
schöner als Blau oder ein Ei besser als Milch.*[181]

Löst sich objektive Vernunft auf, die laut Horkheimer in ihren, an
eine unveränderliche Weltordnung ohne Emanzipation gebundenen
Systemen ebensosehr die Menschen vergessen hat wie die auf das
Überleben sozialer Strukturen geeichte subjektive Vernunft, dann in-
dizieren Formalisierung und Instrumentalisierung der Vernunft zugleich den politischen Voluntarismus: Der Stalinismus intendiert nicht
mehr wie der ursprüngliche Marxismus den Fortschritt objektiver
Weltvernunft im Fortschritt zur Freiheit des sozialen Seins, sondern
nur noch die Ankurbelung neuer Zweck-Mittel-Rationalität aus den
Fall-zu-Fall-Dezisionen des obersten Willenssouveräns, der sich als
Bürokratie inkorporiert und als Generalsekretär personalisiert: *Da die
Zwecke nicht mehr im Licht der Vernunft bestimmt werden, ist es auch
unmöglich zu sagen, daß ein ökonomisches oder politisches System,*

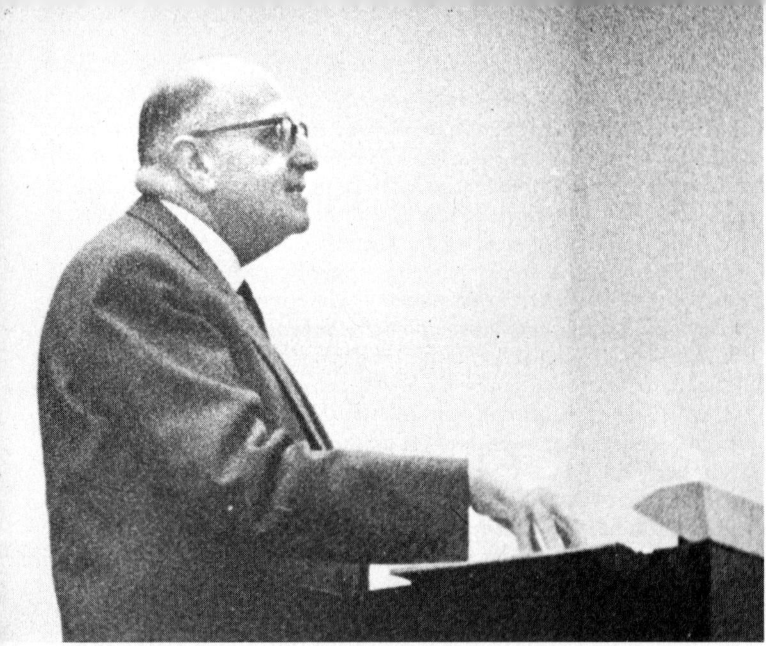
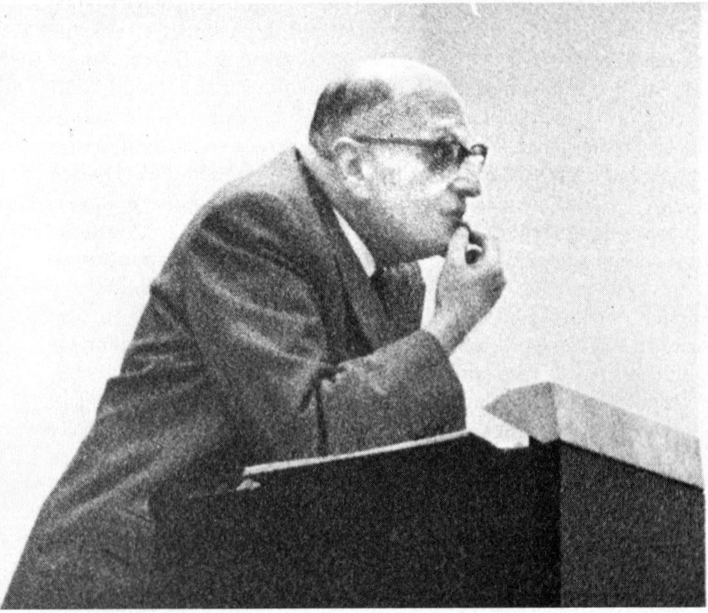

Am Katheder

wie grausam und despotisch es auch sei, weniger vernünftig ist als ein anderes. Nach der formalisierten Vernunft sind Despotismus, Grausamkeit, Unterdrückung nicht an sich schlecht; keine vernünftige Instanz würde ein Urteil gegen die Diktatur gutheißen, wenn ihre Wortführer Aussicht hätten, von dieser zu profitieren.[182]

Das Handeln der Menschen wird also abhängig von einer Anpassung, die Lebensklugheit nur noch als Kunst des profitablen Überlebens definiert. Moralische Argumente, wie etwa Gewissensbedenken oder die Überzeugung, im Blick auf objektive Wahrheit emotionaler Parteilichkeit entsagen zu müssen, gelten daher als Heuchelei und trickreiche Taktik im Spiel um Macht, Einfluß, Luxus und Aufstieg, bestenfalls als sogenannte Weltfremdheit, wie heute unabhängiges Denken überhaupt: *Im zwanzigsten Jahrhundert ist das Objekt des Gelächters nicht die konform gehende Menge, sondern vielmehr der Sonderling, der es immer noch wagt, autonom zu denken.*[183]

Damit aber erweisen sich für Horkheimer alle menschlichen Verhaltensweisen und Handlungen, und nicht etwa nur das Denken und dessen Begriffe, gleichsam als entmythologisiert, als vom Konnex zu objektiver Wahrheit losgelöst. Das aber bedeutet: Erst subjektivierte

105

ist verabsolutierte und damit abstrakte, aus objektiven Erkenntniszu-
sammenhängen losgelöste Vernunft. Ihr Aktionsfeld ist einzig noch die
– vermeinte – Selbsterhaltung durch Anpassung ans Kollektiv, wie
immer es auch beschaffen sein mag. Für solche Vernunft gibt es kein in
sich sinnvolles Handeln, jede Tätigkeit ist nur mehr Werkzeug und
Sein-für-anderes; Arbeit, von Marx als Entäußerung und Verdinglichung des abhängigen Warenproduzenten analysiert, ist in der Technischen Welt zum Modell für jede Tätigkeit des zerfallenden Individuums geworden: *Nach Ansicht der formalisierten Vernunft ist eine Tätigkeit nur dann vernünftig, wenn sie einem anderen Zweck dient.*[184]

Eben damit jedoch schränkt sich formalisierte Vernunft auf die bloße
Pragmatik des Hervorbringens, auf poiesis oder techne ein, während
Praxis, menschliches Handeln für den Aristoteles der «Nikomachi-
schen Ethik» in sich selbst sinnvoll ist, sein Ziel in sich selbst hat, da
das Rechthandeln (eupraxia) Selbstzweck (telos) ist.[185] Das rechte, seiner selbst mächtige und also vollkommene Handeln ist für die klassi-
sche Theorie telos menschlicher Selbstbildung und Verwirklichung:
Ethik und Politik fallen in der konkreten Sittlichkeit der Polis noch
zusammen – wenngleich auch sie schon nur für die Bürger, nicht aber
für alle Menschen der Polis, also nicht für die Sklaven, Geltung hat. In
solchem Primat des Besonderen, der gleichsam schon am Urquell poli-
tischer Demokratie Freiheiten und Rechte privilegiert und das auch in
den klassischen Theorien der Ethik und Politik ausspricht, erblickt
Horkheimer einen Beweggrund für die Notwendigkeit des Übergangs
von objektiver zu subjektiver Vernunft. Andererseits erscheinen ihm
auch der Begriff des Fortschritts wie die leere Dynamik der an ihn
gehefteten Ideologie als problematisch und kalt, weil solche Ideologie
durch die Hypostase von Naturbeherrschung in eine *statische, abgelei-
tete Mythologie* umschlägt: *Bewegung als solche, abgelöst von ihrem
gesellschaftlichen Zusammenhang und ihrem menschlichen Ziel, wird
zum bloßen Schein einer Bewegung, zur schlechten Unendlichkeit
mechanischer Wiederholung. Die Erhebung jeden Fortschritts in den
Rang eines höchsten Ideals läßt den widerspruchsvollen Charakter
eines jeden Fortschritts außer Acht, auch wenn dieser in einer dynami-
schen Gesellschaft sich zuträgt . . . Der Umstand, daß die blinde Entwicklung der Technik gesellschaftliche Unterdrückung und Ausbeutung verschärft, droht auf jeder Stufe den Fortschritt in sein Gegenteil,
völlige Barbarei, zu verkehren.*[186]

Die faschistische Hypostase der B e w e g u n g, aber auch Aktionismus und permanente Revolution illustrieren als ideologische Derivate
des Fortschritts die Gefahr des normenlosen Dynamismus, der im
autoritären Staat durchaus in die schlechte Unendlichkeit mechanischer Wiederholung – sei sie nun das Geheul der Propaganda oder der

uniforme Betrieb – umschlägt und sich in der Technischen Welt in neuer Qualität zu reproduzieren droht. Solche normenlose Bewegung nämlich entspricht in paradoxer Weise dem Trend zur Rationalisierung und Planung, der die Technische Welt beherrscht: *Ganz wie der Prozeß der Rationalisierung nicht länger das Ergebnis der anonymen Kräfte des Marktes ist, sondern im Bewußtsein einer planenden Minderheit über ihn befunden wird, so muß die Masse der Subjekte sich vorsätzlich anpassen: das Subjekt muß sozusagen alle seine Energien aufwenden, um im Sinne der pragmatistischen Definition «in der Bewegung der Dinge zu sein und zu ihr zu gehören»* (John Dewey) *... der Triumph der subjektiven, formalisierten Vernunft ist auch der Triumph einer Realität, die dem Subjekt als absolut, überwältigend, gegenübertritt.*[187] Und an anderer Stelle: *In unserem Zeitalter betet der objektive Geist Industrie, Technik und Nationalität an, ohne ein Prinzip aufzuweisen, das diesen Kategorien einen Sinn verleihen könnte; er spiegelt den Druck eines Wirtschaftssystems, das keine Atempause und kein Entrinnen zuläßt.*[188]

Diese Ausweglosigkeit, diese überwältigende Macht der Gesellschaft, die das Individuum ebenso wie die Idee oder Gott entmachtet, um selbst zum absoluten Subjekt zu werden, spiegeln sich in der Kritischen Theorie des alten Horkheimer. Während die Vorlesungen von *Eclipse* die Umrisse jenes Prozesses entwerfen, der die Vernunft rationalisiert, wodurch die Gesellschaft irrational wird und der einzelne an die sozial verordneten oder industriell produzierten Muster des Verhaltens ausgeliefert ist, denen er nur über die – ebenso kollektiv konformierte – angebliche Willkür des Beliebens, einer irrational und anarchisch gewordenen Spontaneität zu entkommen meint – drückt die Theorie in den späten Aufsätzen und Reden die Gewißheit aus, daß auch die Technische Welt der Zukunft ihre Dialektik hat: Der Geist, ein Relikt gleichsam aus den Kinder- und Jugendzeiten der Menschheit, wird vergehen, aber die Gerechtigkeit als Gleichheit aller und ihrer Chancen wird eines Tages in dieser Welt eine Realität sein.

In seiner Rede zum Empfang des Lessing-Preises in Hamburg sagte Horkheimer 1971: *Das Bewußtsein sozialer Gebundenheit ... pflegt heute schon die Ahnung des der Geschichte immanenten Ziels zu entfalten: Abschaffung der Ungerechtigkeit, durch technischen Fortschritt ermöglichte Gleichheit zunächst in den hochindustrialisierten, schließlich in allen Ländern. Je radikaler die Natur von der Gesellschaft beherrscht wird, desto weniger bedarf es sozialer Unterschiede, desto ähnlicher wird die Lebenshaltung ... Mag bis zur Abschaffung der Klassenunterschiede noch beträchtliche Zeit verfließen, die Richtung menschlicher Geschichte zum Rückgang der Bedeutung des Einzelnen und zur Verwirklichung der Gattung ist durch den Gang der Technik angezeigt . . . Den Fortschritt zu hemmen, wäre unrecht; es gilt jedoch zu erkennen, was an Schlechtem wie an Gutem durch ihn vergeht.*[189] Zugleich aber gehört zur Forderung Kritischer Theorie, jeder nationalen Ideologie, die in der Vorherrschaft des Kollektivs kulminiert, mit Entschiedenheit abzusagen, dafür jedoch emphatisch an der Freiheit jedes einzelnen festzuhalten: *Im eigenen Land, etwa in Deutschland, gegen Rußland oder Amerika zu eifern, anstatt auf der Grundlage dessen, was sein soll und sein könnte, die eigene Lebenssphäre kritisch zu durchleuchten, gehört zur nationalen Ideologie. Der Forderung, das soziale Ganze besser einzurichten, die neuen, durch die Technik erschlossenen Möglichkeiten positiv zu verwirklichen, läßt sich nur genügen, wenn das Bewußtsein mit der schwindenden Freiheit des Einzelnen, mag sie früher noch so sehr aufs Bürgertum beschränkt gewesen sein, sich nicht abzufinden vermag.*[190]

Als entscheidend unter den Erscheinungen, die den einzelnen seiner Freiheit berauben, nennt Horkheimer 1965 den *Übergang der Subjektivität vom einzelnen aufs Kollektiv, auf Clique, Fachschaft, Partei, Nation . . . auch die sich zuweilen durch autoritäre Tendenzen behauptenden Konfessionen sind hinzuzurechnen*[191]. Diese immer weiter greifende Herrschaft der Kollektive wie der Gesellschaft der Technischen Welt überhaupt, welche die unwirkliche Spontaneität dirigierter Massen an die Stelle der wirklichen, aber unterdrückten Spontaneität jedes einzelnen setzt, zählt zu den Momenten, die Horkheimer im Alter von einer Dialektik der Freiheit und Gleichheit sprechen lassen. Entscheidend ist hierbei für ihn auch die Rolle des Nationalismus, der schließlich die Freiheit des Nationalstaates über die Freiheitsrechte des einzelnen stellt und dabei die Religion, die den unendlichen Wert jedes einzelnen betont, in der Meinung der Menschen überwindet: *Mit dem Übergang der Wirtschaft relativ frei konkurrierender Einzelner in die Welt der konkurrierenden Staaten und Blöcke gibt die an die Einzelnen als an verantwortliche Subjekte sich wendende Religion zumindest einen Teil ihrer Bedeutung an den Nationalismus ab. Der Sinn, den jede Handlung im Leben durch den Gedanken an die Ewigkeit gewann, wird durch Verabsolutierung des Kollektivs ersetzt, in das die Individuen sich einbezogen fühlen.*[192]

Das verabsolutierte Kollektiv, die Gesellschaft der Technischen Welt, der sich auch nach Horkheimers Ansicht die sozialen Strukturen in West und Ost anzunähern beginnen, versagt dem einzelnen paradox je mehr an individueller Freiheit und Spontaneität, desto mehr er an materiellen Chancen gewinnt. Noch 1962 war Horkheimer in einem Kant-Aufsatz der Ansicht, der weltgeschichtliche Rückfall sei dann unvermeidlich, wenn in den neuen Gesellschaftsformen der Zukunft die theoretischen und praktischen Ideen Kants nicht überlebten, und er

Horkheimer empfängt den Lessing-Preis, Hamburg 1971

präzisierte: *Die Einheit von Freiheit und Gerechtigkeit gehört zum Kern der Kantischen Philosophie.*[193] Diese Einheit von Freiheit und Gerechtigkeit hat Horkheimer verlassen. Zuerst in einem «Spiegel»-Gespräch, dann in einem Interview mit Helmut Gumnior entwickelte Horkheimer seine neue Dialektik von Freiheit und Gleichheit, die das Zusammenbestehen von Freiheit und Gerechtigkeit, zumindest in den auf die Verwaltete Welt verweisenden Gesellschaftsformen, völlig ausschließt: *Gerechtigkeit und Freiheit sind nun einmal dialektische Begriffe. Je mehr Gerechtigkeit, desto weniger Freiheit; je mehr Freiheit, desto weniger Gerechtigkeit. Freiheit, Gleichheit, Brüderlichkeit, das ist eine wundervolle Parole. Aber wenn Sie die Gleichheit erhalten wollen, dann müssen Sie die Freiheit einschränken, und wenn Sie den Menschen die Freiheit lassen wollen, dann kann es keine Gleichheit geben.*[194] Freiheit und Gleichheit sind also unvereinbar. Während Freiheit wie immer geartete Herrschaft einschließt, und jede Herrschaft die Freiheit der Chancen ungleich verteilt, enthält die Gleichheit der Chancen die Einschränkung, wenn nicht den Verlust der Freiheit, zugleich aber paradox den Übergang der Herrschaft in totale Verwaltung. Was in der Verwalteten Welt der Zukunft von Horkheimer als positiv eingeschätzt wird, ist die in der möglichen Gleichheit der Chancen für alle sich verwirklichende soziale Gerechtigkeit, sie kann aber nur verwirklicht werden, wenn die Menschen das Reagieren auf Zeichen – die Unfreiheit – als zweckdienlich und notwendig einsehen und befolgen, und es wird ihnen auch gar nichts anderes übrigbleiben, wie Horkheimer meint. Daß der Mensch zwar zur Freiheit bestimmt, die Menschheit aber immer zu Gewalt und Unterdrückung geneigt ist, formuliert Horkheimer in einer von tiefem Pessimismus erfüllten Passage seines Vortrags über die *Bedrohungen der Freiheit*: *Der einzelne Mensch mag zur Freiheit, zur Erlösung bestimmt sein. Die Menschheit jedoch hat in der Natur seit je durch Herrschaft, Ausbeutung, Mord und Unterjochung der übrigen Kreatur, notfalls der eigenen Gattung, noch stets sich behauptet. Sie ist die blutigste, grausamste Spezies der bekannten Welt. Nichts war ihr zu heilig, auch nicht Wahrheit und Religion, um es als Instrument der Macht zu benutzen. Daß die größerer Freiheit zuliebe einzuführenden Beschränkungen der Freiheit zum Reich der Freiheit führen müßten, ist eine These idealistischer Philosophie; die in verändertem Sinn von der materialistischen übernommen wurde. Wahr ist, daß soziale Freiheit ohne Zwang nicht auskommt.*[195]

Der Zwang, der die Freiheit begleitet, ist unausrottbar, solange es Freiheit gibt; an ihn knüpft sich, auch im Fall seiner Legitimation durch das notwendige Überleben der Gesellschaft, Leid und Ungleichheit. Er erscheint nur als überwindbar, wenn mit der Freiheit der Menschen zugleich der Geist dahingeht, diese skeptisch-negative Fähigkeit zur Kritik und daher zur Bereitschaft, sich nicht mit dem Bestehenden abzufinden, sei sie nun Sozialkritik oder auch das metaphysische Bedürfnis des Menschen, seine Vergänglichkeit niemals zu akzeptieren. In seinem Schopenhauer-Aufsatz von 1970 hat Horkheimer die Alternative der Zukunft klar ausgedrückt: *Die Alternative historischer Zukunft lautet Freiheit und Unterdrückung, oder Gerechtigkeit und total verwaltete Welt. Freiheit und Entfaltung der Kräfte sind notwendig mit Widerstand und Unterdrückung verknüpft, Gerechtigkeit und Gleichheit jedoch mit dem Rückgang, mit der Überflüssigkeit des Geistes, der das Bestehende nicht schlechthin akzeptiert. Ruhe und Ordnung, zweckmäßige Verwaltung, Angleichung aller Funktionen im sinngemäßen Endzustand erscheinen als das zugleich rationale und pessimistische Ziel der Menschenrasse.*[196]

Pessimistisch ist diese Perspektive der Zukunft, weil die Menschheit die Gerechtigkeit, also Gleichheit, Friede und Befriedigung der materiellen Bedürfnisse, mit dem Verlust dessen erkaufen wird, was den Menschen einst zum Menschen gemacht hat. Schon in *Dialektik der Aufklärung* hatte es geheißen, die moderne Gesellschaft gleiche die Vorstellungswelt der Menschen tendenziell wieder der der Lurche an, und Horkheimers Spätphilosophie sieht den Gang der Menschheit in eine Welt als unabänderlich an, in der sich die Gattung, nicht der einzelne, paradox und automatisch dadurch erhält, daß sie die Entfremdung des Menschen von der Gesellschaft aufhebt und die sechste Feuerbach-These von Marx realisiert, das menschliche Wesen sei in seiner Wirklichkeit «das Ensemble der sozialen Verhältnisse»[197]. Aber die totale Veräußerung des Menschen bedeutet das Ende des Individuums; das befriedete Dasein wird als Welt der Roboter, nicht aber als Reich zu sich selbst befreiter Menschen Wirklichkeit werden. Der Mensch geht in seiner Funktion auf, Angestellter der technisch bestellbaren Bestände einer nur mehr sich selbst reproduzierenden Welt zu sein; was anders ist als diese Welt, wird seinem Gedächtnis entschwinden. Wie im Journalisten des Kollektiv-Stils sich bereits das Ideal des Konfektionsmenschen von der Stange ankündigt, der selbst zum bestellbaren Bestand gehören wird, so wird der technische Mensch um so raffinierter ab- und hergerichtet, je bereitwilliger er auf den wirklichen oder auch angeblichen Plunder der Kultur verzichtet: *Nicht wenige der geistigen, unpragmatischen Eigenschaften, die der Mensch dem Tiere voraus hat, sind Phänomene des Übergangs. Dazu gehören Kultursphären wie Religion, Kunst, Metaphysik; daß sie in der verwalteten Welt der Zukunft ihre Funktion verlieren und bei aller Geschicklichkeit als infantil erscheinen werden, kündigt durch ihre Fragwürdigkeit heute schon sich an. Die eilige Liberalisierung der Theologie, die Wendung des Ästhetischen zum Abstrakten und Pragmatischen, die Auffassung der Philosophie als antiquierte Disziplin der Wissenschaft sind Symptome solcher Entwicklung.*[198]

Der Geist, und mit ihm Phantasie und Liebe, die im nüchternen Verstand nicht aufgehen, sagt Horkheimer in seiner Lessing-Rede, werden der sogenannten Sachlichkeit weichen. Auch menschliche Innerlichkeit wird damit vom totalen Für-anderes-Sein ergriffen, auch sie paßt sich durch Realismus, Sachlichkeit und die immerfort die Chancen des profitablen Überlebens abwägende Zweck-Mittel-Rationalität des kalkulierenden Verstandes dem Ensemble der sozialen Verhältnisse an. Aber diese Verhältnisse geraten zur sinnlosen Tautologie, in welcher die Menschen an die Welt der Nummern veräußert werden: *Ohne Ausdehnung des Zeichensystems auf den Einzelnen selbst kommt die Verwaltung nicht mehr durch. Was sozial sich ereignet, wirkt auf die Betroffenen sich aus. Realitätsgerecht müssen sie als das sich erfahren, was sie im gesellschaftlichen Ganzen bedeuten. Die Ideen, die solche Erfahrung zu relativieren vermögen, sind letztlich unablösbar von Theologie, mit ihrem Rückgang wird die Welt der Nummern schlechthin gültig; die kulturelle Ära, für die das einzelne Subjekt noch einzig war, hat ihr Ende erreicht . . . Davon, ob in der verwalteten Welt das Ich im Kollektiv aufgehoben und bewahrt wird oder bloß vergessen, hängt der Sinn des ganzen Prozesses ab.*[199]

111

Die Herrschaft über Menschen, wie sie in der Antinomie von Freiheit und Unterdrückung sich artikuliert, wird also in der Technischen Welt der Gleichheit und der möglichen Gerechtigkeit durch Verwaltung abgelöst, aber Verwaltung gilt den Sachen. Die den Menschen auferlegte Sachlichkeit versachlicht ihre Seelen, so daß sie als Reaktoren der Gesellschaft nur mehr Signale aufnehmen, die sie den angeblich immer noch vermittelten, in Wahrheit bereits universalen Sachzwängen der Technischen Welt integrieren. Verwaltung, Bürokratie, wird zur Sache selbst, indem sie die Anstrengung des Begriffs, die Hoffnung des Glaubens, die Leidenschaft der Liebe durch sachgerechtes Funktionieren ersetzt und dieses als Leistung fordert. Die Verwaltung des Sachzwangs ersetzt die Person des Diktators, und die Diktatur der Büros adaptiert sich in ihrer lautlosen Allmacht wirklich der Vorstellung vom aufgeklärten Absolutismus dieses Jahrhunderts, die der Generalstaatsanwalt von Stalins Prozessen einmal glaubte aussprechen zu müssen. Absolut ist die zum Subjekt gewordene Gesellschaft der Technischen Welt; ob sie des Menschen eingedenk bleiben wird, wie er einmal in wenigen als freies Individuum sich offenbarte, steht dahin.

Horkheimer, aber auch der große Historiker Franz Schnabel vermochten nur illusionslos an eine Zukunft zu denken, die von angeblicher Vermittlung zum Reich der Freiheit so weit entfernt ist wie die Menschengeschichte seit eh und je. Während Schnabel 1964 das 19. Jahrhundert ein kurzes Zeitalter der Freiheit nannte, zwischen den beiden «Zeitaltern der Autorität, von denen das eine ein volles Jahrtausend in Geltung war und das andere, das Massenzeitalter jetzt gerade sich heranbildet und vermutlich auch von sehr langer Dauer sein wird»[200], schrieb Horkheimer 1966 in seinem Aufsatz *Religion und Philosophie*: *Relativierung des Bestehenden, sei es als ein Endliches, wie im Christentum, sei es als menschliche Vorgeschichte wie bei Marx, erscheint in der verwalteten Welt bloß noch als romantisches Symptom. Daß, falls keine Katastrophe eintritt, der Übergang zur durchorganisierten automatischen Gesellschaft in den hochindustrialisierten Ländern sich vollzieht, zum Gegenteil der messianischen Zeit oder ihrer säkularisierten Form, der Marxschen Utopie, scheint gewiß. Ein Symptom von Reaktionen, die dem Stand der Technik angemessen sind, wird zur menschlichen Natur gehören. Wenn das Individuum nicht zuverlässig funktioniert, ist es unnormal, nicht unmoralisch; es bedarf der medizinischen Behandlung, der Reparatur. Die perfekte Vergesellschaftung wird vermittelt durch totale Administration, notfalls durch längst zeitgemäße Diktatur.*[201]

Solche Zukunft der Verwalteten Welt bedeutet für den alten Horkheimer: Nicht Marx, sondern Schopenhauer ist aktuell. In Schopenhauers pessimistischer Metaphysik kündigt sich an, was Wissenschaft

Aus Stalins Schau-Prozessen, Moskau 1934

als Produktivkraft der Technischen Welt praktisch vollzieht: den Fortgang zur Nichtigkeit des einzelnen, zu einer Welt, in welcher der verwaltete Wille zum Leben der einzige Impuls gesellschaftlicher Entwicklung wird. Alles, was diesem Willen nicht unmittelbar integriert
werden kann, alles, was mehr, alles, was ein ganz Anderes zu bedeuten
vorgibt, gleicht fortan jenem metaphysischen Nichts, zu dem Schopenhauer in der Verneinung des Willens zum Leben den Menschen erlösen
wollte, sofern er sich als Märtyrer des Leidens und Mitleidens erweist.
Er sieht in der Überwindung des Egoismus, des Lebensdranges wahr-
hafte Erlösung — aber die Verneinung des Willens zum Leben ist in
Wahrheit ebenso sinnlos wie der sich endlos im Kreise drehende
Lebensdrang selbst. Wird er zum Wesen der Welt hypostasiert, so wird
jedes Leben vergeblich, jede Hoffnung eitel, Erlösung und Glück bleiben Phantome.
1968 beschrieb Horkheimer im Vorwort zur Neupublikation seiner

Aufsätze aus der «Zeitschrift für Sozialforschung» seine lebenslange Vertrautheit mit dem Werk Schopenhauers: *Der metaphysische Pessimismus, implizites Moment jedes genuinen materialistischen Denkens, war seit je mir vertraut. Meine erste Bekanntschaft mit Philosophie verdankt sich dem Werk Schopenhauers; die Beziehung zur Lehre von Hegel und Marx, der Wille zum Verständnis wie zur Veränderung sozialer Realität haben, trotz dem politischen Gegensatz, meine Erfahrung seiner Philosophie nicht ausgelöscht.*[202] Sogar den politischen Gegensatz, Schopenhauers entschiedene Ablehnung der gescheiterten Bürgerrevolution von 1848 – in seinem Testament bedachte er Angehörige in der Revolution gefallener Regierungssoldaten –, vermochte der alte Horkheimer zu überwinden, indem er Schopenhauers Furcht vor der Begeisterung des beginnenden Nationalismus als *Zeichen seiner Zeitgemäßheit: durch den Zeitgeist unbestechlich zu sein*[203], deutete und Schopenhauers Erkenntnis von der Barbarei der Weltgeschichte mit dessen Einsicht in die Permanenz sozialen Unrechts verknüpfte.

Schopenhauers umwälzende philosophische Leistung sah er jedoch darin, daß dieser den klassischen Dualismus auch dem reinen Empirismus gegenüber festgehalten *und doch die Welt an sich, das eigentliche Wesen, nicht vergottet hat*[204]. Schopenhauer hat damit, meint Horkheimer, mit dem beständigsten Dogma europäischer – gemeint ist: idealistischer – Philosophie gebrochen, die Ewigkeit des «Wesens» verbürge zugleich Güte und Vollkommenheit. Der «Wille» Schopenhauers ist nicht appetitus rationalis, sondern die Begierde, sich am Leben zu erhalten; die Welt als Wille, das Wesen aller Dinge, ist *der unstillbare, nach jeder Sättigung sich wieder regende Drang nach Wohlsein und Genuß. Darin*, folgert Horkheimer, *und nicht in den Gründen, die der Intellekt jeweils für solches Streben findet, besteht die unaustilgbare Realität des Lebendigen wie alles Daseins überhaupt.*[205] Daraus ergibt sich: Das Wesen ist nicht das höchste Gut, es vermag nicht zu lehren, was getan werden soll. Ebenso ist der Intellekt, das Bewußtsein, nur mehr Mittel der Rationalisierung von Wünschen und Antrieben. Noch mehr: *Der Intellekt, das Instrument der Rationalisierung, mit der die Einzelnen, die Interessengruppen und die Völker ihre Forderungen vor sich und anderen den je geltenden Moralvorschriften zu akkomodieren suchen, dient als Waffe in der Auseinandersetzung mit der Natur und den Menschen. Er ist Funktion des Lebenskampfes in den Individuen wie der Gattung, entzündet sich am Widerstand und schwindet mit ihm.*[206] Mit diesem pessimistischen Naturalismus nimmt Schopenhauer laut Horkheimer die Grundeinsicht der Psychoanalyse vorweg, und seine Metaphysik antizipiert zugleich in ihrer Nähe zur modernen Wissenschaft den Gang in die Verwaltete Welt, in

Verwaltete Welt . . .

. . . und Nichtigkeit des Einzelnen

den Betrieb einer Selbsterhaltung, die den Strukturen und nicht den Menschen gilt.

Ob Schopenhauer die Welt als Willen denkt, der als Lebensdrang und Wesen der Welt nur mehr sich selber, seine Befriedigung will, ob Hegel von der absoluten Freiheit spricht, die darin besteht, sich selbst zu wollen und damit frei von allen Motiven zu sein, ob Nietzsche im Willen zur Macht den nihilistischen Kampf um die Erdherrschaft vorausdenkt, der im Namen philosophischer Grundlehren geführt werden wird, ob Heidegger in der Technologie die Metaphysik des neuen Zeitalters sieht: Alle diese Lehren kulminieren im Willen zum Willen, den Heidegger als Signatur der untergehenden Metaphysik und, von ihr immer noch bestimmt, auch der Technischen Welt begreift. Horkheimer hält diesen Willen zum Willen für unaufhebbar, die Gesellschaft wird selbst allmächtiges Subjekt, der Gang zur Verwalteten Welt historisch notwendig. Heidegger sieht hingegen im bislang ungedachten Wesen der Technik, dem «Ge-stell», ein epochales Ereignis in der Geschichte des Seins, das den Menschen gestellt, das heißt zugleich festgehalten und herausgefordert hat, und zwar zur technischen Bestellung und Vernutzung aller verrechenbaren Bestände des Vorstellbaren, das zugleich das Machbare ist. Dieses Geschick der Epoche, die als Machenschaft des Menschen mißdeutete Technische Welt, sieht Heidegger jedoch als überwindbar an. In einer Dankansprache zu seinem 80. Geburtstag sagte er 1969: «Zwar können wir aus der technischen Welt nicht herausspringen; sie ist eine notwendige Bedingung des modernen Daseins. Aber sie ist nicht die hinreichende; sie reicht nicht dorthin, von woher das Dasein des Menschen vielleicht gerettet werden kann.»[207] Und zehn Jahre zuvor hieß es bei ihm ungewohnt optimistisch: «Es kann noch kein Untergang des Menschen auf dieser Erde sein, weil die ursprüngliche und anfängliche Fülle seines Wollens und Könnens ihm noch aufbehalten und gespart ist.»[208] Für Heidegger ist daher das Geschick des Menschen noch nicht entschieden, noch nicht endgültig definiert wie für Schopenhauer und den alten Horkheimer. Technik, Wissenschaft und Industrie müssen auch in der neu entstehenden Weltzivilisation nicht zwangsläufig für alle Zeiten das Dasein des Menschen bestimmen. Für Horkheimer hingegen wird die Wissenschaft nicht nur zur maßgebenden Produktivkraft für die Zukunft der Technischen Welt, sondern die Wissenschaft richtet auch das Verhalten der Menschen auf den universalen Betrieb ein, dem alles sich unterwerfen muß, auch die Seele des als Individuum, als Person verschwindenden Industrie-Atoms. Aber eben diese auf die Zweckmäßigkeit und Rationalität der Anpassung abgerichtete Innerlichkeit wird illusionslos von Schopenhauers Metaphysik vorweggenommen: *Schopenhauer verhält sich kritisch zu Gedanken und Emotionen, die*

Arthur Schopenhauer
Fotografie von Jean Schäfer, Frankfurt 1859

im Konflikt zum faktisch Richtigen stehen, das ihm, wie der Wissenschaft, identisch mit Wahrheit ist, soweit sie nicht den schlechten Willen zum Leben oder das einzig berechtigte metaphysische Jenseits, das Nichts, betrifft. Im Sinn seines konsequenten Pessimismus ist der gegenwärtige Lauf der Geschichte zur automatisierten verwalteten Wirklichkeit als logisch anzusehen.[209]

Die Menschheit wird daher den Weg zu Ende gehen, den große Philosophie gesehen, befürchtet, in manchem vorweggenommen hat. Dieser Weg geht, meint Horkheimer, zur Menschheit als raffiniertester Spezies unter den Lebewesen der Erde, einer Spezies, die sich des Gei-

Friedrich Engels, 1865

stes, der Vernunft und aller transzendierenden Strebungen entschlägt und auf *phantastische, theistische, utopistische und andere Illusionen paradiesischer Zukunft der Seele im Diesseits oder Jenseits* [210] verzichtet. Damit aber vergeht auch Humanität, die nicht in bloßer Pragmatik, im Tun des Zweckmäßigen, im Machenkönnen des Profitablen aufgeht. Was sich begibt, ist ein irreversibler Prozeß, ein Vorgang von finsterer Paradoxie: der Verzicht auf Freiheit im Namen der Gerechtigkeit, aber Gerechtigkeit wird nur Gleichheit der materiellen Chancen, Deckung der Bedürfnisse, Abschaffung der Mängel bedeuten. Was bleibt, ist der Mangel schlechthin: das Leid, das die Lust der anderen ist, das Unrecht, das den Schutzlosen trifft, der Tod, der jede Rationalität widerlegt, das Nichts, das als negatives Glück die Absurdität des Seins bestätigt: *Trotz dem Bekenntnis zum Mitleid als höchster Tugend bleibt individuelles Dasein objektiv irrelevant, das Unrecht in Vergangenheit und Gegenwart, der Tod des Gemarterten, die Lust der Missetäter, für die Betroffenen das letzte Wort. Schopenhauer hat den*

118

Gang des menschlichen Denkens vorweggenommen wie, außer den Positivisten, kaum ein anderer Denker der europäischen Welt.[211] Als Antwort auf die totalitäre Herrschaft von rechts beschrieb Horkheimer seine Überzeugung, nur eine marxistische Revolution könne den Nationalsozialismus beseitigen. Er fügte jedoch hinzu: *Ich hatte aber schon damals Zweifel, ob die von Marx verlangte Solidarität des Proletariats schließlich zu einer richtigen Gesellschaft führen würde.*[212] Solidarität als Klassenbewußtsein, etwa als revolutionäre, vorwärtstreibende Kraft im Sinne des jungen Lukács, war auch beim jungen Horkheimer schon immer von der Solidarität aller Menschen im Blick auf ihre Endlichkeit und Verlassenheit ersetzt worden; zur politischen Theorie des orthodoxen Marxismus-Leninismus wie auch zum Revisionismus hatte er nie Zugang gewonnen. Im Gegenteil: Was er an der deutschen Arbeiterklasse kritisierte, war ihre Zerrissenheit, die er einerseits auf die Weltwirtschaftskrise, andererseits aber schon auf das Bündnis von 1918 zwischen Mehrheitssozialisten und alter kaiserlicher Armee zurückgeführt hatte. In *Dämmerung* wie in *Autoritärer Staat* klingen Sympathien für die Rätedemokratie an, zugleich aber werden 1940 bereits die entscheidenden, sich immer mehr verstärkenden Zweifel an der autoritär-bürokratischen Entwicklung des Sowjet-Sozialismus laut. Bis in sein Alter hinein hielt Horkheimer jedoch an der Grundüberzeugung des historischen Materialismus fest, daß sich in den Ideen eines Zeitalters die Zustände, Beziehungen und Prozesse der ökonomischen Basis spiegeln und also etwa in den Ideen der bürgerlichen Gesellschaft wie auch in deren Weisen sozialer Kommunikation das zur Allmacht erhobene Tauschprinzip, der Warenfetischismus umschlägt in die Instrumentalisierung der Ideen wie in die Verdinglichung aller menschlichen Beziehungen. An dieser Überzeugung hielt Horkheimer fest, auch als er 1968 im Vorwort zu den Aufsätzen der *Kritischen Theorie* lapidar erklärte: *Die Lehre von Marx und Engels, noch immer unerläßlich zum Verständnis gesellschaftlicher Dynamik, reicht zur Erklärung der inneren Entwicklung, wie der äußeren Beziehungen der Nationen nicht mehr aus.*[213] In dieser Abwendung von marxistischer Theorie, die auf Einsicht in soziale Dynamik begrenzt wird, spricht sich die tiefe Enttäuschung Horkheimers über die Transformation des Sozialismus in eine etatistische, den Nationalismus nicht nur rezipierende, sondern autoritär durchsetzende Praxis aus. Schon 1940 hatte Horkheimer indirekt die Herrschaft Stalins als *Herrschaft der gerissensten Parteitaktiker*[214] beklagt, und 1961 kritisierte er: *Das größte Schauspiel der Perversion des Bekenntnisses zur Menschheit in einen intransigenten Staatskult bot in diesem Jahrhundert der Sozialismus selbst. Die Revolutionäre der Internationale fielen den nationalistischen Führern zum Opfer ... Alles ist gut, was der* künftigen Menschheit dient. *Wie leicht geschieht von hier der Übergang zum Wahn, das eigene Vaterland habe die dringlichste Mission dabei. Jedes endliche Wesen — und die Menschheit ist endlich —, das als Letztes, Höchstes, Einziges sich aufspreizt, wird zum Götzen, der Appetit nach blutigen Opfern hat und dazu noch die dämonische Fähigkeit, die Identität zu wechseln, einen anderen Sinn anzunehmen. Im Gegensatz zu der Marxschen Theorie bietet die neueste Geschichte vieler Revolutionen hierfür erschreckende Beispiele. Was Lenin und die meisten seiner Genossen vor der Machtergreifung anstrebten, war eine freie und gerechte Gesellschaft. In der Realität bahnten sie den Weg für eine totalitäre Bürokratie, unter deren Herrschaft es nicht mehr Freiheit gibt als einst im Reich des Zaren.*[215]

Zu Anfang der sechziger Jahre, vor dem Übergang zu seiner neuen Dialektik von Freiheit und Gleichheit, Freiheit und Gerechtigkeit, zu einer Zeit also, als Horkheimer noch an der kantischen Einheit von Freiheit und Gerechtigkeit festhielt, nannte er einen Sozialismus, der nicht zur Erfüllung des Individuums führt, wie es seine Begründer wollten, *totalitäre Barbarei*[216]. 1966 jedoch hatte Horkheimer gleichsam seine neue Theorie des gegenwärtigen Zeitalters und von dessen Zukunft eingeholt. Die Entstellung der Herrschaft, die er im Sozialismus totalitäre Barbarei genannt hatte, wurde ihm jetzt zum universalen Grundzug des Zeitalters, der es auf den Weg in die neue Weltzivilisation, auf den Weg in die Verwaltete Welt drängte. Nunmehr, 1966, betonte Horkheimer, daß die Theorie von Marx und Engels sich angesichts dieser für alle Industriegesellschaften geltenden Entwicklungsprozesse zur Verwalteten Welt überlebt hatte: *Der historische Prozeß, der den Zerfall der kulturellen Sphären einschließt, löst Herrschaft nicht auf. Die feudalen, absolutistischen, bürgerlichen Gesellschaftsformen . . . gehen jedoch in Strukturen über, die nicht mehr als System zweier Klassen, erst recht nicht als der Übergang zum Reich der Freiheit denkbar sind. Wenn die Diagnose der Begründer des historischen Materialismus, daß die Krisen sich verschärfen, weitgehend als richtig sich erwies, ist ihre Theorie im ganzen durch die Wirklichkeit überholt. In den östlichen Ländern funktioniert Marxismus unter Verleugnung seiner theologischen wie idealistischen Elemente als die scheinbar aktuelle Religion. Sie dient nach innen wie nach außen als Instrument der Manipulation.*[217]

Die Ideologie des Marxismus, die Anweisung zum Handeln für soziale Revolution, die Einsicht in Dynamik und Antagonismen der bürgerlichen Welt, wird also zum konservierenden Herrschaftsinstrument, zum Mittel der Staatsraison, zum Vehikel der Großmachtpolitik, des Blockdenkens und der unheiligen Allianzen, die unter der regulativen Idee des Atompatts die Spielregeln der klassischen Diplomatie

Lenin

reproduzieren. Darin offenbart sich auch für Horkheimer ein Über-
gangszeitalter des Nationalismus im Weltmaßstab mit seiner perma-
nenten Gefahr einer Weltkatastrophe, die freilich durch die übermäch-
tig werdenden technologischen Strukturen einer neuen Weltzivilisation eingedämmt, wenn nicht sogar einmal endgültig überwunden
werden könnte. Aber eben diesen Übergang in die Weltzivilisation
statt in die Marxsche Utopie, das Reich der Freiheit, vermag der Marxismus laut Horkheimer theoretisch nicht mehr einzuholen und in
einer adäquaten Anstrengung des Begriffs auszudrücken. Was Kritischer Theorie der Gesellschaft in diesem Zeitalter des Übergangs zu
den rigorosen Automatisierungs- und Steuerungsprozessen der voll-
kommen durchorganisierten Weltgesellschaft zu tun übrig bleibt, hat
Horkheimer 1968 angedeutet: *Schon zur Zeit des Nationalsozialismus
war ersichtlich, daß totalitäre Lenkung nicht bloß Zufall, sondern ein
Symptom des Ganges der Gesellschaft war. Perfektionierung der Technik, Ausbreitung von Verkehr und Kommunikation, Vermehrung der*

121

Bevölkerung treiben zur straffen Organisation. Widerstand, verzwei-felt wie auch immer, ist denn auch selbst in den Lauf der Dinge einbe-griffen, den er ändern soll. Das Erkannte auszudrücken und dadurch vielleicht zu helfen, neuen Terror anzuwenden, bleibt gleichwohl das Recht des noch lebendigen Subjekts.[218]

Heidegger wiederum begriff in seinem Fernsehgespräch mit Richard Wisser 1970 die Gesellschaft der Technischen Welt als Resultat der Metaphysik, als Verabsolutierung der modernen Subjektivität, die von Descartes begründet wird und seit Hegel in die Verabsolutierung des Willens, in den Willen zum Willen umgeschlagen ist. Solange jedoch ein Denken – wie der Marxismus – sich im Rahmen der Sub-jekt–Objekt-Beziehung, im Rahmen des denkenden Vorstellens be-wegt, vermag es in das Wesen der Technik nicht einzudringen; das ist Heideggers Fazit aus dem Verhältnis des Marxismus zur Technischen Welt, das, wenn auch mit ganz anderer Begründung, mit Horkheimers Skepsis gegenüber dem modernen Marxismus konvergiert. Ähnlich wie für Horkheimer bleibt jedoch auch für Heidegger Marx selbst ein Denker von weitreichender Bedeutung. Im «Brief über den ‹Humanis-mus›» schrieb Heidegger: «Die Heimatlosigkeit wird ein Weltschick-sal ... Was Marx in einem wesentlichen und bedeutenden Sinne von Hegel her als die Entfremdung des Menschen erkannt hat, reicht mit seinen Wurzeln in die Heimatlosigkeit des neuzeitlichen Menschen zurück ... Weil Marx, indem er die Entfremdung erfährt, in eine wesentliche Dimension der Geschichte hineinreicht, deshalb ist die marxistische Anschauung von der Geschichte aller übrigen Historie überlegen.»[219] Der historische Materialismus nicht als politisch-re-volutionäre Theorie des Handelns, wohl aber als politische Ökonomie des Bürgertums, die Geschichte nicht als Rollbahn ins Reich der Frei-heit, wohl aber als Dynamik der Gesellschaft, in der sich Subjektivie-rung der Vernunft als Entfremdung und Verdinglichung des einzelnen und der Gesellschaft selbst erweist, darin besteht für Horkheimer die Bedeutung des Denkens von Marx, dessen Begriff jedoch, wie er 1966 in seiner Gedächtnisrede auf Paul Tillich bemerkte, in Klischees ver-wandelt werden: *In der verwaltungsmäßig durchorganisierten Welt verlieren Ideen an Bedeutung. Diesseits der Trennungslinie werden sie nicht weniger zu Phrasen und Parolen, als drüben die Begriffe der Marxschen Theorie zu Klischees des Diamat.*[220] Einschränkend gilt jedoch, was Horkheimer 1969 in einem Interview mit der italienischen Zeitschrift «L'Espresso» über den Rang des Denkers Marx im Vergleich mit anderen deutschen Philosophen gesagt hat – ein vielleicht abschließendes Zeugnis von Horkheimers Abwendung vom Marxis-mus. Auf die Frage, inwiefern er noch Marxist sei, antwortete Horkhei-mer: *Nur noch in einem Sinn: Ich anerkenne in Marx, aber gewiß nicht*

in seinen Nachfolgern, einen großen Denker, jedoch nicht so groß, daß
er Kant oder Hegel vorgezogen werden müßte.[221]

Die Größe der deutschen Idealisten, vor allem Kants und Hegels,
sieht der alte Horkheimer in ihrer Affinität zu jüdischer Religiosität
und jüdischem Denken, während er dem Antijudaisten Schopenhauer
eher die von diesem auch beanspruchte Nähe zum wahren, das heißt
pessimistischen Christentum zuschreibt. Was der deutsche Jude Max
Horkheimer selbst erlebt hat, spricht sich darin aus, wie er als Brücke
und lebendige Spur der Tradition zwischen jüdischer Religion und
deutscher Philosophie ein entscheidendes Grundgefühl seiner Jugend
reflektiert: das Grundgefühl der Einheit in der Entzweiung, das Grundgefühl, das die intellektuellen deutschen Juden zu Kritik und Dialektik,
aber auch zu nationalem, zu patriotischem Liberalismus herausforder-
te. Horkheimer formulierte es: *Vom Judentum wußte ich als meinem
Religionsbekenntnis, vom Deutschen Reich als meinem Heimat-
land.*[222] Von diesem Grundgefühl aus strebte das deutsche Judentum
immer wieder philosophisch zur Versöhnung mit seinen deutschen

Brüdern; was sich ihm als Einheit von Natur und Geist, von Herkunft und Zukunft, von deutscher Heimat und jüdischer Religion des Geistes erschloß, nahm diese Versöhnung, die sich in der Emanzipation angekündigt hatte, im Gedanken vorweg. Umgekehrt sah der späte Horkheimer diese Tendenz zur Versöhnung, das Grundwort des Judentums für die «Dialektik der Aufklärung», auch in der deutschen Philosophie am Werk. So begriff er nunmehr von Spinoza her das Denken des von ihm in der Jugend ebenso bekämpften wie bewunderten Hegel und rechtfertigte ihn gegen den immer noch allzu geläufigen Schwachsinn, Hegel sei der preußische Staatsphilosoph schlechthin gewesen: *Hegel trieb den Spinozismus weiter, indem er Natur trotz allen Elends der Individuen und durch es hindurch in menschlicher Geschichte sich vollenden ließ. Jedem Volk fällt danach seine notwendige Rolle auf dem Weg zum vernünftigen Zustand der Völker zu, der den Sinn der Geschichte ausmacht. Dabei im Rahmen des je eigenen kollektiven Ganzen mitzuwirken, bis das Bewußtsein von Freiheit allgemein verwirklicht ist, galt dem Idealismus als die gute Gesinnung, als in Praxis übersetzter amor intellectualis Dei, wahre Gottesliebe. So hat er noch die schlichte bürgerliche Wirksamkeit im Staat, die anderswo längst als selbstverständlich galt, mit jener Würde ausgestattet, die für das Bewußtsein deutscher Juden und Christen einmal kennzeichnend war. Der gegen Hegel stets erhobene Vorwurf, er habe den preußischen Staat vergottet, pflegt zu übersehen, daß zu jener Zeit in Deutschland Preußen recht fortgeschrittene Institutionen besaß, und daß es dem Philosophen mehr als um Preußen um die Einrichtung der Freiheit ging. Seine Lehre bemaß die Reife der Völker nach der Fähigkeit, der von der Religion verkündigten Gleichheit und Freiheit aller Menschen politische Realität zu geben.*[223]

Eben die Vergottung des Erfolgs, die dem Bismarck-Reich als nationaler Chauvinismus wie als Liberalismus des auf ökonomische Produktivität und Expansion eingeschränkten Bürgertums und auch als positivistische Fortschrittsideologie der Wissenschaft das Gepräge gab, entfernte jedoch die Deutschen laut Horkheimer von ihrer Philosophie und deren Nähe zu jüdischer Religion: *Geist und Wille zur Gerechtigkeit sind identisch, und in der Welt, wie sie ist, steht solcher Wille im Gegensatz zum Bestehenden. Der Weg der Deutschen zur Vergottung des Erfolgs war die Entfernung von der deutschen Philosophie. Sie hatte mit der jüdischen Religion die Ansicht geteilt, daß es nicht so sehr darauf ankommt, das Absolute zu benennen und festzulegen, sondern vielmehr das Endliche zu entziffern und die Götzen abzusetzen. Wenn dem so ist, besteht die Rettung des Wahren weniger in seiner Affirmation als in der Einsicht in die Bedingtheit alles dessen, was als wahr erscheint.*[224] Wie Kant und Hegel den Ernst und den Schmerz des

124

Die Frankfurter Schule

Horkheimer mit Marcuse, Adorno und Habermas.
Zeichnung von Volker Kriegel

Negativen ebensowohl in der praktischen Einsicht in die Elendsge-
schichte der deutschen Verhältnisse und in der theoretischen Einsicht
in die Leidensgeschichte der menschlichen Dinge erfahren, was bei
Kant zur radikalen Absage an die Erkenntnismöglichkeit theoretischer
Vernunft, bei Hegel zur Dialektik flüssiger und ständig ineinander
übergehender Begriffe führt, von denen keiner sich dogmatisieren und
getrost nach Hause tragen läßt, so zieht jüdische Religion emphatisch
die Summe aus dem Dasein eines Volkes, das sich immer geweigert hat,
Gewalt als Argument der Wahrheit anzuerkennen. Und Horkheimer

fährt an dieser Stelle fort: *Aus dem Leid, das ihm daraus entstand, hat es ein Moment der Dauer und Einheit gemacht. Anstatt die Auflösung zu bewirken ... hat sich Unrecht in eine Art Erfahrung umgesetzt. Leid und Hoffnung sind im Judentum untrennbar geworden.*[225]

Die Einheit von Leid und Hoffnung ist die Entzweiung als die Einheit, die das jüdische Leben bestimmt hat. Gesetz und Verfolgung werden in der Geschichte dieses Volkes vermittelt, die Einheit erhält sich, weil sie entzweit wird, und die Entzweiung ist das Leid, das als erfahrenes wie durchschautes Unrecht die Hoffnung am Leben erhält. Durchschaut der Gedanke das Unrecht, so offenbart sich Wahrheit in der Negativität: Der sie Aussprechende vergeht, weil sein Dasein den Götzen und Idolen der Geschichte ausgeliefert bleibt, aber sein Gedanke überwindet im Willen zur Gerechtigkeit den Machtanspruch des Faktischen; nur in der Negation siegt die Idee, siegt die machtlose Wahrheit über die Realität.

Wie Hegels Lehrweise dem späten Horkheimer gleichsam als Geschichte aus dem Talmud erscheint, eine Lehrweise, die niemals bei dem jeweils Erreichten sich beruhigt und auch in der Darstellung des eigenen «Standpunktes» keinen Schlüssel zum Geheimnis des Ganzen vermittelt, weil sie immer aufs neue in den «Kreis von Kreisen»[226] eingehen muß, in dem Philosophie Wahrheit nur immer wieder umkreisen, niemals aber feststellen, niemals aneignend erreichen kann – so erscheint ihm auch jüdische Religion und Tradition als Zeugnis der wie im Deutschen Idealismus immer nur negativ an-, aber niemals positiv ausgesprochenen Wahrheit: *Daß die Juden durch die langen Jahrhunderte der Verfolgungen hindurch ihre Lehre bewahrten, bei der weder der Lohn individueller Seligkeit noch die ewige Bestrafung des Einzelnen entscheidend war, daß sie einem Gesetz loyal blieben, nachdem der Staat verschwunden war, der es hätte erzwingen können, nur auf Grund der Hoffnung, die den Gerechten aller Völker in der Zukunft galt, ist der Widerspruch, der sie mit der großen Philosophie in Deutschland, ja mit allem verbindet, was populär und ironisch Idealismus heißt.*[227] Eben diesen Idealismus sieht Horkheimer in der Gegenwart auf neue Weise herausgefordert, also nicht mehr im Verhältnis von Deutschen und Juden bestätigt. Dieses Verhältnis, das von der Geschichte der jüngsten Vergangenheit grausam zerstört worden ist, indiziert auch im Zeitalter eines neuen Nationalismus und Kollektivismus nicht mehr den gemeinsamen Willen zum Widerstand gegen das schlechte Bestehende. Nunmehr spricht Horkheimer von einer Solidarität zwischen Juden und wahren Christen, weil auch die wahren, die bekennenden Christen in Perioden totalitärer Barbarei dem gleichen Terror ausgesetzt sind, den die Juden immer wieder haben erfahren müssen.

126

Baruch de Spinoza

Gläubige, bekennende Christen und deren Christentum, nicht die Christenheit der Kirchensteuerzahler, sind für den alten Horkheimer eine neue, potentiell verfolgte und dem Terror ausgesetzte Minderheit. Er bestätigt damit nur, was er als historische Würdigung des Christentums längst ausgesprochen und auch im Gegensatz zur von Adorno beeinflußten Dialektik der Aufklärung fast gleichzeitig in *Eclipse* gesagt hatte. Hieß es in *Dialektik der Aufklärung*, Jesus Christus sei der *vergottete Magier*[228], so äußerte der alte Horkheimer in einem Interview über Paul Tillich: *Wenn ich mich recht entsinne, habe ich das Christentum insofern immer bejaht, als es denjenigen als das Vorbild achtete, der sich ans Elend und an die Leidenden aus Liebe hingab. Insofern sagte ich Ja dazu. Die Frage, ob dieser Leidende ein Gott sei, habe ich wohl weniger bezweifelt als Tillich selber.*[229] Stand in der *Dialektik: Die menschliche Selbstreflexion im Absoluten, die Vermenschlichung Gottes durch Christus ist das proton pseudos*[230], so urteilte Horkheimer in *Eclipse: Der Wert der Seele wurde durch die Idee der Gleichheit gesteigert, die in Gottes Schöpfung des Menschen nach seinem Bilde und in Christi Sühneopfer für die gesamte Menschheit enthalten ist . . . Im Christentum stehen sich menschliches Ich und endliche Natur nicht uneins gegenüber wie im rigorosen hebräischen Monotheismus. Weil Christus der Vermittler zwischen unendlicher Wahrheit und endlichem menschlichen Dasein ist, mußte der traditionelle Augustinismus, der die Seele erhöht und die Natur verdammt, schließlich dem thomistischen Aristotelismus weichen, der ein großer Entwurf zur Versöhnung der idealen und der empirischen Welt ist. In scharfem Gegensatz zu konkurrierenden Weltreligionen und hellenistischen Moralphilosophien vereinigt das Christentum Versagung, die Bezähmung der natürlichen Triebe mit umfassender Liebe, die jedes Gesetz überflutet.*[231]

Umfassende Liebe, die mehr ist als das Gesetz, die den Menschen so erfüllt, daß er sie im Vertrauen auf die erlösende Liebe Gottes nicht als Naturtrieb, sondern als geistliche Caritas zum Nächsten erfährt – eben sie hat Horkheimer am Christentum immer wieder überzeugt, weil nach seiner Ansicht diese erbarmende Liebe aus dem Bewußtsein eigener Schuld entsteht und im Leben wahrhaft religiöser Menschen den Sinn offenbart, *der heute in Frage steht*[232]. Diesen Sinn begreift endgültig der alte Horkheimer als durchaus religiös motiviert, und er nennt ausdrücklich als *christliche Momente* eines der Nächstenliebe und der Hoffnung auf das erlösende Erbarmen Gottes verpflichteten Lebens eines solchen wahrhaft religiösen Menschen *Nonkonformismus, Freiheit, Selbstbestimmung zum Gehorsam gegen ein Anderes als das Bestehende*[233]. Entscheidend aber für diesen jüdischen wie christlichen Gehorsam gegen ein Anderes ist die Nächstenliebe selbst, die

128

Warschau

Horkheimer inhaltlich nicht näher beschreiben will, die ihm aber zugleich heute die entscheidend bedrohte *höchste Freiheit*[234] bedeutet. Nächstenliebe jedoch als Gebot des Anderen und als Richtschnur rechtlichen Handelns sieht der späte Horkheimer letztlich im Wort der Heiligen Schrift begründet, und er sagte 1966: *Mit der letzten Spur der Theologie verliert der Gedanke, daß der Nächste zu achten, gar zu lieben sei, das logische Fundament.*[235] Was hier Theologie heißt, ist gewiß nicht positive Dogmatik, von der Horkheimer nichts hält, es ist vielmehr *das Bewußtsein davon, daß die Welt Erscheinung ist, daß sie nicht die absolute Wahrheit, das Letzte ist*[236]. Dieses Bewußtsein ist keine Wissenschaft, sondern es ist Sehnsucht, *Sehnsucht danach, daß*

Letztes Bild

der Mörder nicht über das unschuldige Opfer triumphieren mö-ge[237].

Von dieser Sehnsucht hat Horkheimer im Alter immer wieder gesprochen. In ihr drückt sich die verzweifelte, weil paradoxe Hoffnung auf die Rettung des Hoffnungslosen aus, die Adorno 1935 schon im Brief an Horkheimer als Grundintention Kritischer Theorie reflektiert hatte. Sprachen jedoch Horkheimer und Adorno in der Dialektik von Kritischer Theorie als säkularisiertem jüdischem Monotheismus, so betont Horkheimer im Alter: *Religion kann man nicht säkularisieren, wenn man sie nicht aufheben will*[238] — und an anderen Stellen weist er auf den notwendigen theologischen Impuls des kritisch-negativen Philosophierens hin, so im Aufsatz *Zum Begriff des Menschen*: *Indem die Philosophie den geschichtlichen Zusammenhang spiegelt, spricht sie, hierin der Theologie verwandt, das Negative, das Grauen und das Unrecht solchen Geschehens aus*[239], und auch im Gespräch über Paul Tillich bekannte Horkheimer: *Ich glaube, es gibt keine Philosophie, zu der ich ja sagen könnte, die nicht auch ein theologisches Moment in sich trägt, denn es geht ja darum zu erkennen, inwiefern die Welt, in der wir leben, als ein Relatives zu interpretieren ist. Das wußten Kant und Schopenhauer, und ich meine, philosophische Bemühungen, die sich dessen nicht bewußt sind, sind keine.*[240]

Theologie ist also das Wissen um die unabdingbare Relativität der menschlichen Welt, und Horkheimer relativiert sogar Schopenhauers pessimistische Erlösungsmetaphysik von der Verneinung des Willens zum Leben und dessen Auflösung im Nichts, indem er auch den Begriff des Nichts als menschliche, niemals das Absolute und dessen Wahrheit treffende Setzung versteht. Relatives setzt Absolutes voraus, und so könnte Horkheimers theologia occulta — die weder negative Theologie in strengem Verstande noch gar dogmatisch-positiv ist — im Sinn des Kontingenzbeweises (der für Bertrand Russell logisch unsinnig ist) für das Dasein Gottes mißverstanden werden: Das, was wir kennen, ist kontingent, also nichtnotwendig, vergänglich, mit Passivität und Leiden erfüllt — «also» muß es etwas geben, was schlechthin notwendig, reiner Akt ohne Leiden und Passivität, ewig ist. Solche Argumente bleiben Horkheimer fremd. Im Aufsatz *Schopenhauers Aktualität* spricht er sogar von der *Dürftigkeit der pro-theistischen Argumentationen* und stellt fest: *Menschliches Denken vermag die Tatsachen der Wahrnehmung zu ordnen, nicht über sie hinauszusehen, es sei denn als die aus dem Theologischen stammende Sehnsucht nach einem Anderen in dieser Welt.*[241] — Das positivistische Denken ist also richtig, aber nicht wahr; die Sehnsucht nach dem Wahren auch in dieser Welt greift über es hinaus, sie gilt der Herstellung von Gerechtigkeit, aber in einem nicht mehr säkularisierbaren religiösen Sinn — als Erwartung des orthodoxen und liberalen Judentums auf die Verwandlung der Menschengeschichte im Erscheinen des Messias. Wie Religion der Gedanke an ein Absolutes, an ein Unbedingtes in einer Welt des Leidens und der Vergänglichkeit ist, wie sich in ihr die verzweifelte Sehnsucht ausspricht, daß dieses Unbedingte trotz aller entgegenstehenden Wahrscheinlichkeit und Ungewißheit die Menschen retten möge, so bleibt Wahrheit – auch schon in der Dialektik im Blick auf Nietzsche [242] – in emphatischem Sinn unablösbar vom Dasein Gottes, weshalb eine positivistische Gott-ist-tot-Theologie der Verzweiflung für Horkheimer ein Aberwitz, nämlich der nur auf den Kopf gestellte Dogmatismus ist: *Wahrheit als emphatische, menschlichen Irrtum überdauernde, läßt aber vom Theismus sich nicht schlechthin trennen. Sonst gilt der Positivismus, mit dem die neueste Theologie, bei allem Widerspruch verbunden ist . . . Einen unbedingten Sinn ohne Gott zu retten, ist eitel . . . Indem die fortgeschrittenen protestantischen Theologen noch dem Verzweifelten ermöglichen, sich Christ zu nennen, klammern sie das Dogma ein, ohne dessen Geltung ihre eigene Rede nichtig ist. Zugleich mit Gott stirbt auch die ewige Wahrheit.* [243]

Wie Wahrheit sich nicht positiv fassen läßt, sondern nur in Spuren und Fragmenten, in der Entzweiung der Welt, in der Zerrissenheit der Menschen, in der radikalen Negativität des Denkens überdauert, so läßt sich der fundamentale Antagonismus zwischen positiver Wissenschaftlichkeit und theologischer Metaphysik nicht in der Bekenntnissprache existentieller Subjektivisten darlegen, die den Gegen-Sinn als Nihilismus der Wahrheit dogmatisch behaupten, wenn ihnen der Sinn ihres eigenen Daseins verlorengegangen ist, sondern – wie Horkheimer zeigt – in der Sprache kritisch-dialektischer Theorie, die auch der in Schopenhauers Denken lebendigen Leidenschaft für absolute Wahrheit gerecht wird: *Seine Philosophie spricht in Vollendung aus, was die Jugend heute ahnt: daß es keine Macht gibt, bei der die Wahrheit aufgehoben wäre, ja daß sie den Charakter der Machtlosigkeit an sich trägt. Nach ihm ist der Positivismus gegen die Metaphysik im Recht, weil es kein Unbedingtes gibt, das die Wahrheit verbürgen könnte oder aus dem sie abzuleiten wäre. Die theologische Metaphysik ist gegen den Positivismus im Recht, weil jeder Satz der Sprache nicht anders kann, als den unmöglichen Anspruch nicht bloß auf eine erwartete Wirkung, auf Erfolg zu erheben, wie der Positivismus meint, sondern auf Wahrheit im eigentlichen Sinn, gleichviel ob der Sprechende darauf reflektiert. Ohne Gedanken an die Wahrheit und damit an das, was sie verbürgt, ist kein Wissen um ihr Gegenteil, die Verlassenheit der Menschen, um derentwillen die wahre Philosophie kritisch und pessimistisch ist, ja nicht einmal die Trauer, ohne die es kein Glück gibt.* [244]

ANMERKUNGEN

1 Unveröffentlicht, Horkheimer-Archiv
2 Ebd.
3 *Die Sehnsucht nach dem ganz Anderen*, Hamburg 1970. S. 62
4 Eduard Grisebach: «Arthur Schopenhauer. Handschriftlicher Nachlaß». Leipzig 1892. S. 350
5 *Kritische Theorie*. Frankfurt a. M. 1968. Bd. I, S. 359
6 *Sehnsucht*, S. 80
7 Unveröffentlicht, Horkheimer-Archiv
8 Ebd.
9 Ebd.
10 Thilo Koch (Hg.): «Porträts deutsch-jüdischer Geistesgeschichte». Köln 1961. S. 256 f
11 Unveröffentlicht, Horkheimer-Archiv
12 Ebd.
13 Mitgeteilt von Alfred Schmidt
14 Unveröffentlicht, Horkheimer-Archiv
15 Ebd.
16 Ebd.
17 Ebd.
18 Martin Jay: «The Dialectical Imagination. A History of the Frankfurt School and the Institute of Social Research 1923–1950». Boston–Toronto 1973 [zit. hier nach dem Manuskript]
19 Ebd.
20 *Das Institut für Sozialforschung*. Unveröffentlichtes Manuskript, Horkheimer-Archiv
21 Bertolt Brecht: «Arbeitsjournal». Frankfurt a. M. 1973. Bd. 1, S. 443
22 «Institut für Sozialforschung an der Universität Frankfurt am Main». Frankfurt a. M. 1925. S. 12 f
23 Alfred Schmidt: Einleitung in den Reprint der «Zeitschrift für Sozialforschung». München 1970. Bd. 1, S. 6 f
24 *Die gegenwärtige Lage der Sozialphilosophie und die Aufgaben eines Instituts für Sozialforschung* (1931). In: «Frankfurter Universitätsreden» Bd. XXXVII. Frankfurt a. M. 1931. S. 12
25 Schmidt, Einleitung, a. a. O., S. 7 f
26 *Dämmerung*. Zürich 1934. S. 152 f
27 *Institut*, a. a. O.
28 *Die gegenwärtige Lage*, a. a. O., S. 12
29 Ebd., S. 4
30 Ebd., S. 10
31 Ebd., S. 11

32 Ebd., S. 16

33 Ebd., S. 15

34 «Zeitschrift für Sozialforschung» Bd. I, S. I (Reprint München 1970)

35 Ebd.

36 Ebd., S. III

37 «Zeitschrift für Sozialforschung» Bd. III, S. 121 (a. a. O.)

38 *Dämmerung*, S. 130

39 Ebd.

40 Ebd.

41 Ebd., S. 129

42 Ebd., S. 126

43 *Kritische Theorie*. Frankfurt a. M. 1968. Bd. II, S. 171 f

44 *Kritische Theorie*, Bd. I, S. 97 f

45 Ebd., S. 105

46 *Deutscher Idealismus*, Winter-Semester 1925/26 (unveröffentlicht)

47 *Dämmerung*, S. 207

48 *Kritische Theorie*, Bd. I, S. 208

49 Ebd., S. 96 f

50 *Anfänge der bürgerlichen Geschichtsphilosophie* (1930). Frankfurt a. M. 1971 (= Fischer Bücherei: 6014). S. 68

51 *Kritische Theorie*, Bd. I, S. 208

52 *Dämmerung*, S. 18

53 *Kritische Theorie*, Bd. I, S. 261

54 *Anfänge*, S. 57

55 *Kritische Theorie*, Bd. I, S. 268

56 Ebd., S. 243 f

57 Ebd., S. 244

58 *Kritische Theorie*, Bd. II, S. 145

59 Ebd., S. 149

60 Ebd., S. 127

61 Ebd., S. 307

62 Ebd., S. 310

63 *Anfänge*, S. 69

64 *Hegel und das Problem der Metaphysik* (1932). In: *Anfänge*, S. 90

65 *Kritische Theorie*, Bd. I, S. 256

66 Ebd., S. 247

67 Ebd., S. 270

68 Ebd., S. 1

69 «Zeitschrift für Sozialforschung» Bd. I, S. I (a. a. O.)

70 «Zeitschrift für Sozialforschung» Bd. II, S. 161 (a. a. O.)

71 Jay, a. a. O.
72 Mitgeteilt von Max Horkheimer
73 Dito
74 Unveröffentlicht, Horkheimer-Archiv
75 Ebd.
76 Ebd.
77 *Die Dialektik der Aufklärung* von Horkheimer und Adorno wird nach der allgemein zugänglichen Ausgabe des Fischer Taschenbuchverlages von 1971 zitiert; hier: S. 195 f
78 *Autoritärer Staat*. In: «In Memoriam Walter Benjamin» (1942). S. 161. Vergriffen, in der hier zitierten hektographierten, beschränkten Auflage des Instituts für Sozialforschung (neu erschienen: Frankfurt a. M. 1972 [= Fischer Athenäum Taschenbücher. 4004])
79 *Eclipse of Reason* erschien auf deutsch, von Alfred Schmidt übersetzt, in dem von ihm herausgegebenen Sammelband von Horkheimers Vorträgen und Aufzeichnungen nach Kriegsende *Zur Kritik der instrumentellen Vernunft*. Frankfurt a. M. 1967. S. 13–174; die Zitate: S. 171
80 *Kritische Theorie*, Bd. II, S. 269
81 Ebd.
82 Ebd., S. 268
83 Ebd., S. 269
84 Ebd.
85 Ebd., S. 243
86 Ebd., S. 242
87 Ebd., S. 235 f
88 *Kritik*, S. 119
89 Ebd., S. 118
90 Martin Heidegger: «Einführung in die Metaphysik». 3. Aufl. Tübingen 1966. S. 152
91 Ebd.
92 *Kritik*, S. 120
93 Ebd., S. 119
94 *Autoritärer Staat*, S. 158
95 Ebd., S. 126
96 Ebd., S. 132
97 Ebd., S. 133
98 Ebd., S. 134
99 Ebd., S. 150
100 Ebd., S. 139
101 Ebd., S. 155
102 Ebd., S. 159

103 Ebd., S. 158
104 Ebd., S. 147
105 Ebd., S. 137
106 Ebd., S. 149
107 Ebd., S. 143
108 Ebd., S. 141
109 Ebd., S. 143, 150 f
110 Ebd., S. 146
111 Ebd.
112 Ebd.
113 Ebd., S. 151
114 *Kritik,* S. 174
115 Ebd., S. 173 f
116 Ebd., S. 171 f
117 Ebd., S. 173
118 *Dialektik,* S. 183
119 Ernst Bloch: «Das Materialismusproblem, seine Geschichte und Substanz». Frankfurt a. M. 1972. S. 502
120 *Kritik,* S. 165
121 Ebd., S. 167 f
122 Ebd., S. 157
123 *Dialektik,* S. 201
124 Ebd., S. 196
125 Ebd., S. 39 f
126 Ebd., S. 40
127 Ebd., S. 41
128 *Autoritärer Staat,* S. 144
129 *Dialektik,* S. 41
130 Ebd., S. 40 f
131 Ebd., S. 27
132 Ebd., S. 28
133 Ebd., S. 77
134 Ebd., S. 76
135 Ebd., S. 28 f
136 *Kritik,* S. 125
137 *Dialektik,* S. 29
138 *Kritik,* S. 124
139 *Dialektik,* S. 178, 182
140 Ebd., S. 182
141 Unveröffentlicht, Horkheimer-Archiv
142 G. W. F. Hegel: «Sämtliche Werke». Hg. von Hermann Glockner. Stuttgart 1949–1959. Bd. 16, S. 553
143 Ludwig Wittgenstein: «Tractatus logico-philosophicus». 6.522.

(Zuerst 1921 in Wilhelm Ostwalds «Annalen der Naturphiloso-
phie»; London 1922 [zweisprachig]])
144 *Dämmerung*, S. 231
145 *Kritische Theorie*, Bd. I, S. 210
146 Ebd., S. 198
147 Ebd., S. 199
148 Ebd., S. 314
149 Hegel, a. a. O., Bd. 17, S. 288 f
150 *Kritische Theorie*, Bd. I, S. 371
151 *Dialektik*, S. 103
152 Ebd., S. 24
153 Ebd., S. 50
154 Ebd., S. 24
155 Ebd., S. 24 f
156 Ebd., S. 25
157 Ebd., S. 167
158 Ebd., S. 159
159 Ebd., S. 160
160 Ebd.
161 Ebd., S. 161, 167
162 Ebd., S. 159
163 Vgl. ebd., S. 40 f
164 Ebd., S. 76
165 Ebd., S. 221
166 Ebd., S. 178
167 Ebd., S. 104
168 Institut für Sozialforschung. Ein Bericht (1952)
169 *Kritische Theorie*, Bd. I, S. IX
170 Koch, a. a. O., S. 265
171 Ebd., S. 263
172 *Schopenhauers Aktualität*. Teilweise abgedruckt in «Neue Zür-
cher Zeitung» vom 21. März 1971 (zit. nach dem Originalmanuskript)
173 Ebd.
174 *Kritik*, S. 8
175 Vgl. Otto Pöggeler: «Philosophie und Politik bei Heidegger».
Freiburg i. B. 1972. S. 117
176 Vgl. z. B. Thomas von Aquin: «De veritate» 15,1 c: vgl. auch
«Summa Theologiae» I. 79,9 c
177 *Kritik*, S. 17
178 Ebd., S. 18 f
179 Wittgenstein, a. a. O., 6.52
180 *Kritik*, S. 30 f

181 Ebd., S. 33
182 Ebd., S. 39 f
183 Ebd., S. 115
184 Ebd., S. 44
185 Vgl. Aristoteles: «Nikomachische Ethik» VI. 5, 1440 b 6–7
186 *Kritik*, S. 128 f
187 Ebd., S. 96
188 Ebd., S. 146
189 «Reden anläßlich der Verleihung des Lessing-Preises 1971 an Max Horkheimer». Hamburg 1971. S. 28 f
190 *Kritik*, S. 337
191 Ebd., S. 351
192 Ebd., S. 348
193 Ebd., S. 215
194 *Sehnsucht*, S. 86
195 *Kritik*, S. 341 f
196 *Schopenhauers Aktualität*, Originalmanuskript
197 Marx-Engels-Werke. Berlin 1957 f. Bd. 3, S. 534
198 *Schopenhauers Aktualität*, Originalmanuskript
199 *Kritik*, S. 352
200 Franz Schnabel: «Deutsche Geschichte im neunzehnten Jahrhundert.» Freiburg i. B. 1964. Bd. 1, S. 11
201 *Kritik*, S. 238
202 *Kritische Theorie*, Bd. I, S. XIII
203 *Kritik*, S. 253
204 Ebd., S. 256
205 Ebd., S. 257
206 Ebd.
207 Zit. n. Pöggeler, a. a. O., S. 102 f
208 «Martin Heidegger. Zum 80. Geburtstag von seiner Heimatstadt Meßkirch». Frankfurt a. M. 1969. S. 33
209 *Schopenhauers Aktualität*, Originalmanuskript
210 Ebd.
211 Ebd.
212 *Sehnsucht*, S. 55
213 *Kritische Theorie*, Bd. I, S. X
214 *Autoritärer Staat*, S. 149
215 *Kritik*, S. 264
216 Ebd., S. 215
217 Ebd., S. 237 f
218 *Kritische Theorie*, Bd. I, S. XI f
219 Martin Heidegger: «Platons Lehre von der Wahrheit. Mit einem Brief über den ‹Humanismus›». Bern 1947. S. 87

220 *Letzte Spur von Theologie — Paul Tillichs Vermächtnis.* Rede vom 16. Februar 1966, abgedruckt in: «Frankfurter Allgemeine Zeitung» vom 7. April 1966
221 Interview mit «L'Espresso», 16. Februar 1969
222 Koch, a. a. O., S. 256
223 Ebd., S. 261
224 Ebd., S. 262
225 *Kritik*, S. 319
226 G. W. F. Hegel: «Enzyklopädie der philosophischen Wissenschaften...», § 15
227 *Kritik*, S. 312
228 *Dialektik*, S. 159
229 «Werk und Wirken Paul Tillichs. Ein Gedenkbuch». Stuttgart o. J. S. 21
230 *Dialektik*, S. 159
231 *Kritik*, S. 130 f
232 *Schopenhauers Aktualität*, Originalmanuskript
233 *Kritik*, S. 345
234 Ebd., S. 346
235 *Letzte Spur von Theologie — Paul Tillichs Vermächtnis*, a. a. O.
236 *Sehnsucht*, S. 61
237 Ebd., S. 62
238 Ebd., S. 68
239 *Kritik*, S. 201
240 «Werk und Wirken Paul Tillichs», a. a. O., S. 16
241 *Schopenhauers Aktualität*, Originalmanuskript
242 Vgl. *Dialektik*, S. 104
243 *Kritik*, S. 277
244 Ebd., S. 263 f

ZEITTAFEL

1895   Max Horkheimer wird als Sohn des Textilfabrikanten Moriz Horkheimer in Stuttgart geboren

1911   Horkheimer verläßt als Untersekundaner das Gymnasium. Beginn der Freundschaft mit Friedrich Pollock

1912–1914 Kaufmannslehrling und Volontär im Ausland

1916   Einberufung zum Militär

1919   Abitur in München

1919–1922 Studium in München, Frankfurt und Freiburg. Zusammentreffen mit Husserl und Heidegger

1922   Promotion mit summa cum laude in Frankfurt bei Hans Cornelius

1922–1925 Assistent von Cornelius. Freundschaft mit Felix Weil und Theodor W. Adorno

1925   Habilitation an der Universität Frankfurt

1926–1930 Privatdozent in Frankfurt. 1926 heiratet Horkheimer Rose Christine Riekher

1930   Berufung zum Ordinarius für Sozialphilosophie und zum Direktor des Instituts für Sozialforschung – *Anfänge der bürgerlichen Geschichtsphilosophie*

1931   Errichtung von Zweigstellen des Instituts in Genf und London

1932   Die erste Nummer der «Zeitschrift für Sozialforschung» erscheint in Leipzig

1933   Flucht in die Schweiz. Entzug des Lehrstuhls. Beschlagnahme des Institutsgebäudes und der Bibliothek. Die Zeitschrift erscheint in Paris

1934   Emigration nach Amerika. Errichtung des Instituts an der Columbia University. *Dämmerung* unter dem Pseudonym Heinrich Regius

1936   *Autorität und Familie*

1937   *Traditionelle und kritische Theorie.* Reise nach Europa. Zusammentreffen mit Walter Benjamin

1940   Übersiedlung von New York nach Kalifornien. Der letzte Jahrgang der «Zeitschrift für Sozialforschung» erscheint in New York

1943–1944 Direktor der wissenschaftlichen Abteilung des American Jewish Committee

1947   *Eclipse of Reason.* Zusammen mit Adorno: *Dialektik der Aufklärung*

1949   Forschungsdirektor und Herausgeber von fünf Bänden *Studies in Prejudice*. Rückkehr nach Deutschland. Beru-

		fung an die Universität Frankfurt
1950		Wiedererrichtung des Instituts für Sozialforschung in Frankfurt
1951	1953	Rektor der Universität. Goethe-Plakette der Stadt Frankfurt
1954–1959		Gastprofessor an der University of Chicago
1959		Emeritierung
1960		Ehrenbürger der Stadt Frankfurt
1969		Tod von Maidon Horkheimer und Theodor W. Adorno
1970		Tod von Friedrich Pollock
1971		Lessing-Preis der Hansestadt Hamburg
1973		7. Juli: Tod in Nürnberg

ZEUGNISSE

ROBERT S. LYND

An die Tatsache, daß Deutschlands führendste Forschungsgruppe ihre ausgezeichnete Zeitschrift nun in Englisch herausbringt, knüpft die amerikanische Sozialwissenschaft große Erwartungen. Amerikanische Soziologen können sehr viel aus den Werken dieser Gruppe lernen, denn sie widerspiegeln die großen Anstrengungen eines Instituts, in dem Nationalökonomen, Philosophen, Soziologen und andere ihre Wissenschaften in den Dienst einer Aufgabe stellen.

«Studies in Philosophy and Social Science». 1940

IRING FETSCHER

Philosophie, so könnte man vielleicht Horkheimers Konzeption zusammenfassen, muß sich zwar hüten, erbaulich zu sein, ist aber ebensowenig Selbstzweck. Sie soll und muß dienen, wenn sie human sein will. Sie dient, indem sie «rücksichtslos» und allein der Wahrheit verpflichtet, alle Verhältnisse kritisiert, in denen der Mensch ein geknechtetes, entfremdetes, beschädigtes Wesen sein muß, und indem sie zugleich diejenigen Wissenschaften der mangelnden Humanität überführt, die zur Verschleierung der Unmenschlichkeit dienen statt ihrer Entlarvung.

In: «Frankfurter Allgemeine Zeitung» vom 13. Februar 1965

GIAN ENRICO RUSCONI

Die «dialektische Rationalität», welche die neue kritische Theorie der Gesellschaft einführt, wird im Grunde von Anti-Intellektualismus charakterisiert – und zwar in doppelter Weise: Sie verneint die Fähigkeit der Ratio als solcher, als Interpretationsmaßstab des Wirklichen gelten zu können... und sie ist vor allem deswegen anti-intellektualistisch, weil sie jede Definition – im klassischen Sinne – der Realitätsstruktur ausschließt.

«La teoria critica della società». 1968

WERNER POST

So immens Horkheimers Kenntnisse der Philosophiegeschichte auch sind, so grundlegend seine Beiträge waren: die heutige Linke hält ihm vor, daß er das Marxsche Axiom, Philosophie in Praxis zu überführen, mißachtet und sich in einen philosophischen Elfenbeinturm zurückgezogen habe. In der Tat liegt hier ein Widerspruch in Horkheimers Theorie.

In: «Publik» vom 1. August 1969

JEAN AMÉRY

Selten antworten philosophisch-soziologische Überlegungen so direkt und total dem Anruf und der Forderung des Tages wie die hier zur Rede stehenden.

In: «Die Zeit» vom 4. April 1969

GÜNTER ROHRMOSER

Es wäre naheliegend, aber nicht richtig, in der nur schwach verhüllten Verzweiflung das alten Max Horkheimer nur Resignation zu sehen, die man hurtig psychologisch und gesellschaftlich rationalisieren könne. Paulus und Kierkegaard stimmen darin überein, daß das, was der Welt als Resignation erscheint, auch die Form sein kann, in der das Subjekt die Fähigkeit zurückgewinnt, eine Wahrheit zu erfahren, an deren Maß es selber gemessen werden kann.

«Das Elend der kritischen Theorie». 1970

MICHAEL-VIKTOR GRAF WESTARP

Bereits während seiner ersten kurzen Frankfurter Periode vor 1933 zählte Horkheimer zu jenen fest in der bürgerlichen Kultur wurzelnden Denkern, welche deren Selbstzerstörung im Zeichen des heraufziehenden Faschismus erkannten – und zwar als durch die Widersprüche ihrer eigenen ökonomischen Basis bedingt.

In: «Merkur» 5 (1970)

ALFRED SCHMIDT

Zu den Schwierigkeiten eines angemessenen Verständnisses der Intentionen Horkheimers gehört es, die doppelte Frontstellung gegen Metaphysik und Positivismus richtig zu erfassen. Von einer heute zuweilen behaupteten Wissenschaftsfeindlichkeit des Horkheimerschen Entwurfs kann keine Rede sein. Die Kritik am Positivismus hat die Frankfurter Sozialforschung nie daran gehindert, seine fachlichen Leistungen anzuerkennen und zu fördern.

Einleitung zum Reprint der «Zeitschrift für Sozialforschung».
1970

ARNOLD KÜNZLI

Es waren nun in unserer Zeit vor allem Horkheimer und Adorno, die, wesentlich von der Aufklärung und von Marx herkommend, in ihrem Naturverständnis über die Aufklärung und über Marx hinauswiesen. In ihrem Denken kommt der Versöhnung der technologisch bestimmten Zivilisation mit der Natur eine zentrale Bedeutung zu.

«Aufklärung und Dialektik». 1971

JÜRGEN MOLTMANN

Bei Horkheimer begegnet uns ein protestierender Glaube, der über den platten Gegensatz von Theismus und Atheismus hinausführt ... Er behauptet nicht, daß es einen allmächtigen, gerechten und guten Gott gibt, aber bestreitet radikal, daß irgendein immanenter Ersatz an seine Stelle treten könnte. Er bestreitet in der Kritischen Theorie sowohl den herkömmlichen Theismus wie seinen Bruder, den herkömmlichen Atheismus.

«Der gekreuzigte Gott». 1972

BIBLIOGRAPHIE

Der größte Teil der Arbeiten Max Horkheimers bis 1941 wurde in der «Zeitschrift für Sozialforschung» veröffentlicht. Ein Reprint der Zeitschrift erschien 1970 bei Kösel in München. ALFRED SCHMIDT, Schüler von Horkheimer und Adorno und seit 1972 Professor in Frankfurt, hat Horkheimers Aufsätze aus den Jahren 1932 bis 1941 in den beiden Bänden *Kritische Theorie* (Frankfurt a. M. 1968) und das zum erstenmal 1947 in Englisch erschienene *Eclipse of Reason* zusammen mit Arbeiten aus den Jahren nach 1945 in dem Sammelband *Zur Kritik der instrumentellen Vernunft* (Frankfurt a. M. 1967) herausgegeben. Ebenfalls von Alfred Schmidt wurden Horkheimers Arbeiten *Anfänge der bürgerlichen Geschichtsphilosophie* (erstmals 1930 in Stuttgart erschienen) sowie *Hegel und das Problem der Metaphysik* (Festschrift für Carl Grünberg, Leipzig 1932) 1971 in Frankfurt a. M. herausgegeben. Aufsätze, Reden und Vorträge Horkheimers aus den Jahren 1930 bis 1972 hat WERNER BREDE in zwei Bänden 1972 in Frankfurt a. M. unter dem Titel *Sozialphilosophische Studien* und *Gesellschaft im Übergang* veröffentlicht.

Arbeiten, die weder in der Zeitschrift noch in den genannten Sammelbänden veröffentlicht wurden:

Kants Kritik der Urteilskraft als Bindeglied zwischen theoretischer und praktischer Philosophie. Frankfurt a. M. 1925

Dämmerung (Pseudonym: Heinrich Regius). Zürich 1934

Dialektik der Aufklärung. Gemeinsam mit THEODOR W. ADORNO. Amsterdam 1947. 2. Aufl. Frankfurt a. M. 1969 – Taschenbuchausgabe: Frankfurt a. M. 1971

Die Sehnsucht nach dem ganz Anderen. Hamburg 1970

Verwaltete Welt. Zürich 1970

Vernunft und Selbsterhaltung. Frankfurt a. M. 1970

Aus der Pubertät. München 1974

Notizen 1950 bis 1969 und Dämmerung. Notizen in Deutschland. Frankfurt a. M. 1974

Seit 1985 sind bei S. Fischer in Frankfurt im Erscheinen begriffen:
Max Horkheimer «Gesammelte Schriften». Hg. von ALFRED SCHMIDT und GUNZELIN SCHMID NOERR

Band 1: Aus der Pubertät. Novellen und Tagebuchblätter
Band 2: Philosophische Frühschriften 1922–1932
Band 3: Schriften 1931–1936
Band 4: Schriften 1936–1941
Band 5: «Dialektik der Aufklärung» und Schriften 1940–1950
Band 6: «Zur Kritik der reinen Vernunft» und Notizen 1950–1969

Band 7: Vorträge und Aufzeichnungen 1949–1973
Band 8: Vorträge und Aufzeichnungen 1949–1973
Band 9: Nachgelassene Schriften 1914–1931
Band 10: Nachgelassene Schriften 1914–1931
Band 11: Nachgelassene Schriften 1914–1931
Band 12: Nachgelassene Schriften 1931–1949
Band 13: Vorlesungsnachschriften 1953–1961
Band 14: Nachgelassene Vorträge und Aufzeichnungen 1950–1970
Band 15: Briefe 1913–1939
Band 16: Briefe 1940–1949
Band 17: Briefe 1950–1973
Band 18: Bibliographie und Register
Bislang wurden die Bände 2, 5, 7, 8, 9, 11 und 12 veröffentlicht.

Die Sekundärliteratur kann hier nur in einer Auswahl angegeben werden, die allerdings auch solche Schriften umfaßt, die sich allgemein mit der Frankfurter Schule beschäftigen.

Die Frankfurter Schule im Lichte des Marxismus. Zur Kritik der Philosophie von Horkheimer, Adorno, Marcuse und Habermas. Ost-Berlin 1971

Pariser Zeitschrift «Esprit», Mai-Heft 1978, S. 43–158: «L'École de Francfort avec des inédits en français de Walter Benjamin et de Max Horkheimer».

ADORNO, TH. W.: Offener Brief an Max Horkheimer. In: Die Zeit 7 (1965)

ALBERT, H.: Politische Theologie im Gewande der Wissenschaft. In: Jahrbuch für kritische Aufklärung. Club Voltaire IV. Reinbek 1970 (= Rowohlt Paperback. 86)

BERNSDORF, W.: Internationales Soziologen-Lexikon. Stuttgart 1965

BEYER, W. R.: Die Sünden der Frankfurter Schule. Ein Beitrag zur Kritik der kritischen Theorie. Frankfurt a. M. 1971
Vier Kritiken – Heidegger, Sartre, Adorno, Lukács. Köln 1970

CLAUSSON, D.: Zum emanzipativen Gehalt der materialistischen Dialektik in Horkheimers Konzeption der kritischen Theorie. In: Neue Kritik 55/56 (1970)

GAY, P.: Weimar Culture. The outsider as insider. New York 1968

GROSSNER, C.: Frankfurter Schule am Ende. In: Die Zeit 12 (1970)

HABERMAS, JÜRGEN: Der philosophische Diskurs der Moderne, Vorlesung V.: Die Verschlingung von Mythos und Aufklärung: Horkheimer und Adorno. Frankfurt a. M. 1985

HEISELER, J. H. v., R. STEIGERWALD und J. SCHLEIFSTEIN (Hg.): Die

Frankfurter Schule im Lichte des Marxismus. Frankfurt a. M. 1970

JAY, M.: Dialectical imagination. A history of the Frankfurt School. New York 1972 – Deutsch: Frankfurt a. M. 1976

KOLAKOWSKI, LESZEK: Die Hauptströmungen des Marxismus. Dritter Band. München 1979 – 2. überarb. Aufl. 1981 [Zehntes Kapitel: Die Frankfurter Schule und die Kritische Theorie]

KÜNG, HANS: Existiert Gott? München 1978

MASSING, O.: Adorno und die Folgen. Über das hermeneutische Prinzip der Kritischen Theorie. Neuwied–Berlin 1970

MÖRCHEN, HERMANN: Macht und Herrschaft im Denken von Heidegger und Adorno. Stuttgart 1980
Adorno und Heidegger. Untersuchung einer philosophischen Kommunikationsverweigerung. Stuttgart 1951

POST, W.: Kritische Theorie und metaphysischer Pessimismus. Zum Spätwerk Max Horkheimers. München 1971

PROSS, H.: Die deutsche akademische Emigration nach den Vereinigten Staaten, 1933 bis 1941. Berlin 1955

RIES, WIEBRECHT: ‹Die Rettung des Hoffnungslosen›. Zur ‹theologia occulta› in der Spätphilosophie Horkheimers und Adornos. Zschr. f. philos. Forsch. Bd. 30, 1976, S. 69–81

ROBINSON, P.: The Freudian left. New York 1969

ROHRMOSER, G.: Das Elend der Kritischen Theorie. Freiburg i. B. 1970

RUSCONI, G. E.: La teoria critica della società. Bologna 1968

SCHMIDT, ALFRED: Zur Idee der Kritischen Theorie. München 1974
Die Kritische Theorie als Geschichtsphilosophie. München 1976
Drei Studien über Materialismus. München 1977

SCHOELLER, W. F. (Hg.): Die neue Linke nach Adorno. München 1969

THEUNISSEN, M.: Gesellschaft und Geschichte. Zur Kritik der kritischen Theorie. Berlin 1969

WELLMER, ALBRECHT: Kritische Gesellschaftstheorie und Positivismus. Frankfurt a. M. 1969
Zur Dialektik von Moderne und Postmoderne. Frankfurt 1985

WESTARP, M.-V. GRAF: Kritische Theorie in der Sackgasse? Weg und Werk von Max Horkheimer. In: Merkur, Jg. 14/1970, H. 5, S. 477–484

NAMENREGISTER

Die kursiv gesetzten Zahlen bezeichnen die Abbildungen

ÜBER DIE AUTOREN

HELMUT GUMNIOR, Jahrgang 1930, studierte Philosophie, Psychologie und Geschichte an der Universität München. 1960 promovierte er mit einer Arbeit über Thomas von Aquin. Nach dem Studium freier Mitarbeiter des Bayerischen Rundfunks. Seit 1966 Redakteur beim «Spiegel» im Ressort Geisteswissenschaften. Zum 75. Geburtstag von Max Horkheimer drehte er ein Fernsehporträt des Philosophen und veröffentlichte seine Gespräche mit Horkheimer im Herbst 1970 unter dem Titel «Die Sehnsucht nach dem ganz Anderen».

RUDOLF RINGGUTH, Jahrgang 1924, studierte nach dem Krieg Philosophie, Psychologie und Geschichte in München. Er promovierte 1953 mit einer Arbeit über Vico und war danach zehn Jahre lang freier Mitarbeiter des WDR. Im Nachtprogramm des WDR wurden von ihm unter anderem gesendet: «Physik und Philosophie» (überarbeitet im «Merkur» erschienen), «Marx und Hegel», «Wittgenstein», «Heidegger». Seit 1960 ist er Redakteur beim «Spiegel», ebenfalls im Ressort Geisteswissenschaften. Zusammen mit Ernesto Grassi übersetzte er Nicola Abbagnanos «Philosophie des menschlichen Konflikts» (rowohlts deutsche enzyklopädie Bd. 43).

QUELLENNACHWEIS DER ABBILDUNGEN

dpa: 19, 48, 72, 115 oben, 129 / Ullstein-Bilderdienst, Berlin: 24/25, 28, 30, 35, 44, 51, 52, 55, 58, 60, 65, 69, 113, 115 unten, 117 / Walter Pöppel, Älvsjö: 43 / Horst Tappe, Territet: 6 / Bild-Archiv «Der Spiegel»: 63, 94, 95 oben, 95 unten / Staatliche Landesbildstelle, Hamburg: 109 / Internationaal Institut voor Sociale Geschiedenis, Amsterdam: 118 / Rowohlt Archiv: 102, 121, 127, 130 / Aus: Publik, 1. 8. 1969: 125
Alle anderen Bildvorlagen stellte uns Max Horkheimer zur Verfügung.

C 2054/6

**Thema
Philosophie**

C 2054/6 a

bildmono | ro ro ro | graphien

C 2053/8

rowohlts bildmonographien

Thema Geschichte

rororo bildmono graphien

C 2053/8 a

ro
ro
ro
bildmono
graphien

C 2057/8

rowohlts bildmonographien

Thema Kunst

bildmono ro ro ro graphien

C 2056/7

rowohlts bildmonographien

**Thema
Literatur**

**Eine
Auswahl**

ro ro ro bildmono
graphien

C 2058/5 d